Anticoncepción después de…

Barreras a la accesibilidad
a la anticoncepción de emergencia en la Argentina

Mario Pecheny (Director)
Ana María Andía, Lucía Ariza, Josefina Brown, María Epele,
Leandro Luciani Conde, Silvia Mario y María Cecilia Tamburrino

Anticoncepción después de…

Barreras a la accesibilidad
a la anticoncepción de emergencia en la Argentina

teseo

UNFPA

Ministerio de
Salud
Presidencia de la Nación

Anticoncepción después de… : barreras a la accesibilidad a la anticoncepción de emergencia en la Argentina / Ana María Andía ... [et.al.] ;
dirigido por Mario Pecheny. - 1a ed. -
  Buenos Aires : Teseo, 2010.
  218 p. ; 20x13 cm. - (Salud pública)

  ISBN 978-987-1354-73-3

  1. Salud Pública. I. Ana María Andía II. Pecheny, Mario, dir.
  CDD 614

© UNFPA, 2010

Ministerio de
Salud
Presidencia de la Nación

© Ministerio de Salud, Presidencia de la Nación, 2010

teseo

© Editorial Teseo, 2010
Buenos Aires, Argentina

ISBN 978-987-1354-73-3
Editorial Teseo

Hecho el depósito que previene la ley 11.723

Para sugerencias o comentarios acerca del contenido de esta obra,
escríbanos a: **info@editorialteseo.com**

www.editorialteseo.com

El trabajo de investigación origen de este libro fue realizado con el apoyo de las Becas Ramón Carrillo-Arturo Oñativia de Estudios Colaborativos Multicéntricos, otorgadas por el Ministerio de Salud de la Nación a través de la Comisión Nacional Salud Investiga y del Fondo de Población de las Naciones Unidas (UNFPA).

Agradecemos al Ministerio de Salud de la Nación y a UNFPA por el apoyo para la realización de este proyecto y esta publicación, particularmente a Zulma Ortiz, Silvina Ramos, Paula Ferro, María del Carmen Feijoó y Eleonor Faur.

Agradecemos también a Edith Alejandra Pantelides (CENEP) y por su intermedio a Enrique Ezcurra (OMS), por su orientación bibliográfica y sustantiva; a Santiago Morcillo y Gonzalo González, que colaboraron en el trabajo de campo; a Claudia Noriega, del Plan Mujer de San Juan; a Valeria Isla, Virginia Méndez, Eugenia Tarzibachi y Gabriela Perrota, especialistas en salud reproductiva; a Mónica Petracci (CEDES - IIGG); a David Brown y equipo, responsables del trabajo de campo y procesamiento inicial de la encuesta; a las mujeres y varones, así como a las y los profesionales y personal de los Programas y servicios en Buenos Aires, Mendoza y San Juan que han participado de las encuestas y las entrevistas.

La investigación recibió el Premio ISALUD 2009 - INVESTIGACIÓN Y SALUD.

ÍNDICE

Presentación

El Fondo de Población de las Naciones Unidas (UNFPA) junto al Ministerio de Salud de la Nación se complacen en presentar este estudio –realizado en el marco de las Becas Salud Investiga– que se propone conocer en profundidad las barreras al acceso a la anticoncepción hormonal de emergencia desde la perspectiva de usuarias/os y proveedores de salud. En los últimos veinte años, la Argentina ha hecho grandes avances en la promoción de la salud sexual y reproductiva. A partir de la Ley que en 2003 crea el Programa Nacional de Salud Sexual y Procreación Responsable, se intensifica la oferta de insumos anticonceptivos en los servicios de salud y su demanda por parte de la población. Sin embargo, la anticoncepción hormonal de emergencia, que forma parte de los insumos básicos que entrega el Programa desde 2007, no ha acompañado del mismo modo ese proceso. Su utilización ha estado por debajo de lo esperado. En este contexto, los embarazos no deseados y los abortos siguen constituyendo un problema para la salud pública y para el ejercicio de los derechos sexuales y reproductivos de la población, particularmente reflejados en el estancamiento en la reducción de la tasa de mortalidad materna. Sin lugar a dudas, uno de los instrumentos que puede contribuir a revertir esta situación es la anticoncepción hormonal de emergencia.

Este estudio pone en evidencia la multiplicidad de barreras (económicas, institucionales, culturales, subjetivas, etc.) que obstaculizan el acceso de este método por parte de la población en edad reproductiva. Desde el UNFPA y el Programa Nacional de Salud Sexual y Procreación Responsable, estamos convencidos de que estos resultados pueden contribuir enormemente al fortalecimiento de la política pública en materia de salud sexual y reproductiva y a la posibilidad de que ciudadanas y ciudadanos pueden ejercer plenamente estos derechos. Esperamos que su lectura pueda aportar en esta dirección.

Eleonor Faur
Oficial de Enlace
Fondo de Población de las Naciones Unidas

Paula Ferro
Coordinadora
Programa Nacional de Salud Sexual
y Procreación Responsable
Ministerio de Salud de la Nación

1. INTRODUCCIÓN

En la Argentina, los embarazos no deseados y los abortos constituyen un problema para la salud pública y para el ejercicio de los derechos sexuales y reproductivos de mujeres y varones. Uno de los instrumentos que puede contribuir a prevenir dicho problema es la anticoncepción hormonal de emergencia, aquella que impide la fecundación con posterioridad al coito, en un plazo no mayor a cinco días. La población en edad reproductiva no parece haber incorporado aún este instrumento en el conjunto de métodos anticonceptivos disponibles, ni tampoco el sistema de salud ha brindado la información y la atención necesarias.

De ahí los objetivos del estudio cuyos resultados se presentan, a saber: conocer la información y experiencias que usuarios/as, potenciales usuarios/as y profesionales tienen sobre la anticoncepción de emergencia; conocer en qué medida las concepciones ideológico-políticas, éticas y religiosas favorecen u obstaculizan la accesibilidad; y relevar factores institucionales que favorecen u obstaculizan el acceso a la anticoncepción de emergencia.

Para ello, se utilizó una metodología exploratoria, cuantitativa y cualitativa: una encuesta a 1219 mujeres y varones de 15 a 50 años en todo el país, una entrevista semi-estructurada a 54 mujeres y varones de las áreas metropolitanas de Buenos Aires, Mendoza y San Juan, y una entrevista semi-estructurada a funcionarios y profesionales de la salud reproductiva en dichas áreas geográficas. Los resultados muestran que hay barreras comunes con el resto de los anticonceptivos (subjetivas, culturales, institucionales, económicas) y que hay barreras específicas, ligadas a la inadecuada información sobre el modo de funcionamiento de la anticoncepción hormonal de emergencia (básicamente, que hay tiempo entre el coito y la fecundación como para intervenir con un anticonceptivo adecuado en dicho lapso), el estatus legal de la misma, la accesibilidad en sentido estricto al método (dónde conseguirlo y cómo), entre otras. Tales barreras se experimentan diferencialmente en términos de sexo, edad, nivel de instrucción alcanzado y estrato socioeconómico, pero atraviesan todos los segmentos sociales estudiados.

La principal conclusión lleva a plantear la necesidad de intervenir en materia de información a la población y capacitación al personal de salud sobre anticoncepción de emergencia, su modo de funcionamiento y acceso, así como operar sobre las zonas grises que dificultan captar lo distintivo que tiene la anticoncepción poscoital, algo que a primera vista resulta contraintuitivo para la mayor parte de la población. Los vínculos entre anticoncepción regular, anticoncepción de emergencia e interrupción del embarazo continúan teñidos por confusiones varias.

2. NOCIONES BÁSICAS
Y PUNTOS DE PARTIDA

¿Qué es la anticoncepción de emergencia?

Los anticonceptivos de emergencia (ACE) son métodos que se pueden usar para prevenir un embarazo no deseado después de una relación sexual no protegida.

El uso de los llamados anticonceptivos postcoitales o –erróneamente– "pastilla del día después" está reservado a los casos de verdadera emergencia: violación, coito no protegido, mala utilización o accidente con el método anticonceptivo regular usado, de los cuales no son un sustituto (von Hertzen *et al.*, 2002; WHO, 2007).

Los anticonceptivos hormonales de emergencia (AHE) no son más que dosis diferentes de los mismos anticonceptivos orales que se usan desde hace décadas. Los productos contienen un progestágeno, el levonorgestrel, y deben administrarse dentro de los primeros cinco días posteriores a la relación potencialmente fecundante. Hasta hace unos años se comercializaba un producto con estrógeno y progestágeno (método de Yuspe), de eficacia algo menor (Westley *et al.*, 1998).

Mecanismo de acción

El levonorgestrel usado antes de la ovulación puede impedir el desarrollo folicular, la descarga de la hormona luteinizante (LH) –que regula la ovulación– y la liberación del óvulo. Su poder para inhibir la ovulación (Marions *et al.*, 2002; Durand *et al.*, 2001; Croxatto *et al.*, 2004) es menor mientras más avanzada esté la maduración del óvulo.

También podría alterar la migración y función de los espermatozoides en los órganos reproductivos de la mujer, ya que pocas horas después de su administración se produce una alteración en su transporte y vitalidad (Kesseru, Larranaga y Parada, 1973; Munuce *et al.*, 2006).

El levonorgestrel no altera el endometrio, y no hay evidencia de que impida la implantación del óvulo fecundado (Novikova *et al.*, 2007; Marions *et al.*, 2002; Durand *et al.*, 2001; Ortiz *et al.*, 2004), ni que afecte los procesos posteriores a la fecundación.

Eficacia

La eficacia del levonorgestrel disminuye a medida que la toma se aleja del momento de la relación sexual no protegida (Westley *et al.*, 1998). La experiencia demuestra que, de todas las mujeres que toman AHE dentro de los cinco días posteriores a una relación sexual no protegida, sólo entre el 1 y el 2 por ciento comenzará a cursar un embarazo.

Dosis

El régimen recomendado por la Organización Mundial de la Salud (OMS) (von Hertzen *et al.*, 2002; WHO, 2007) es de 1,5 mg de levonorgestrel administrado en una sola dosis. También pueden emplearse dos dosis de 0,75 mg de levonorgestrel cada una, con doce horas de diferencia. En todos los casos, la primera dosis, o la dosis única, debe tomarse lo antes posible, dentro de los cinco días posteriores a la relación sexual no protegida.

Efectos colaterales

No se han registrado complicaciones a largo plazo por el uso de AHE, si bien pueden presentarse náuseas, vómitos y, menos frecuentemente, dolor de cabeza y tensión mamaria pasajeros. Si los vómitos se producen dentro de las dos primeras horas de la toma, se debe repetir la dosis por vía oral con antieméticos o alimentos, o bien administrarla por vía vaginal.

Diversos estudios han encontrado que la disponibilidad de la AHE no disminuye el uso de preservativos u otros métodos anticonceptivos (Harper *et al.*, 2005; Walker *et al.*, 2004).

El DIU

El dispositivo intrauterino (DIU) con carga de cobre se puede usar como ACE si se lo inserta dentro de los cinco días posteriores a la relación sexual no protegida. Cuando es posible calcular el momento de la ovulación, el período en el cual es eficaz se extiende hasta cinco a siete días después de la ovulación (Trussel *et al.*, 2008), esto es, antes de que comience el proceso de anidación. En *Recomendaciones sobre prácticas seleccionadas para el uso de anticonceptivos*, la OMS sugiere la inserción del DIU hasta el día 12 del ciclo, sin restricciones, y en cualquier otro momento del ciclo si hay certeza de que la mujer no está embarazada (WHO, 2005). Su eficacia como ACE es cercana al 100 por ciento, superior a la de la AHE, y en el caso en que se desee prolongar su uso como anticonceptivo regular, se lo puede dejar colocado durante diez años. No se recomienda en mujeres que están en riesgo de contraer o haber contraído una infección de transmisión sexual (ITS), como en los casos de violación. Su funcionamiento como ACE no está lo suficientemente estudiado y es motivo de controversias.

No son anticonceptivos de emergencia

De composición parecida a la de los anticonceptivos de uso corriente, las pastillas *Dosdías* se utilizan en el diagnóstico de amenorreas secundarias, para descartar la existencia de un embarazo. Su toma está indicada cuando hay atraso menstrual.

El misoprostol es un protector de la mucosa gástrica que, asociado con diclofenac, se vende bajo los nombres comerciales de *Oxaprost* y *Blokium Prost*. Se usa con frecuencia como abortivo (Zamberlin, 2009; Romero, Zamberlin y Gianni, 2010).

La pastilla conocida como *RU-486*, que no se comercializa en la Argentina, es una antiprogesterona que se usa para interrumpir el embarazo dentro de las primeras semanas de gestación.

La anticoncepción de emergencia y la salud pública en la Argentina

En la Argentina, los embarazos no planificados constituyen un problema para la salud pública y la calidad de vida de mujeres y varones por múltiples razones y con múltiples consecuencias. La cantidad de abortos provocados[1], la persistencia de muertes maternas por aborto[2] y las decenas de miles de egresos hospitalarios por complicaciones de abortos inseguros[3] dan cuenta de que los anticonceptivos no son utilizados sistemáticamente y/o que en algunos casos fallan. Después de una relación sexual sin protección –o si ésta falla– y en caso de no buscarse un embarazo, la evidencia mostró que la anticoncepción de emergencia previene eficazmente un embarazo, y evita así una potencial situación de aborto. La utilización de la ACE también se indica en los casos de violación, problemática que no será abordada en este trabajo (como así tampoco, para esos casos, la accesibilidad a la profilaxis post-exposición al VIH/sida).

Desde los años 1960 y 1970 se han utilizado diversos métodos post-coitales (empleo de altas dosis de estrógenos y progestágenos, el más conocido es el llamado "régimen de Yuspe"). A partir de los estudios clínicos avalados por la OMS en 1998 y años subsiguientes (Westley *et al.*, 1998; von Hertzen *et al.*, 2002), se considera que la mejor opción –por su mayor eficacia y sus menores efectos colaterales– es el uso del levonorgestrel (LNG) en una o dos píldoras (total:

---

[1]   Por tratarse de una práctica clandestina, no se dispone de datos precisos sobre el número de abortos inducidos que se producen en la Argentina. Las estimaciones recientes indican que ocurren entre 372.000 y 522.000 abortos inducidos por año (Pantelides y Mario, 2006).

[2]   Cada año, alrededor de 80 mujeres mueren por complicaciones de abortos inseguros en la Argentina. Estas complicaciones han sido la primera causa de mortalidad materna en los últimos veinte años, representando el 30 por ciento de esas muertes. La tasa de mortalidad materna fue de 4.0 por 10.000 nacidos vivos en el año 2008. El 21 por ciento de estas muertes se debió a embarazos terminados en aborto (Ministerio de Salud, 2009).

[3]   En el año 2007 se registraron 59.960 hospitalizaciones por aborto en los efectores estatales de salud (Ministerio de Salud, 2010).

1,5mg) dentro de los cinco días posteriores a la relación sexual. En la Argentina se comercializan por lo menos cuatro marcas para tomas de una o dos pastillas. Si bien no es una práctica nueva, las políticas públicas que apuntan a favorecer la accesibilidad a la AHE son recientes.

También son recientes las escasas investigaciones sobre ACE en la Argentina. Sobre accesibilidad, estas investigaciones (Portnoy y Berkenwald, 2006; Portnoy, 2006) identifican dificultades de diversa índole. Poco se sabe sobre los obstáculos específicos a la ACE y sus núcleos problemáticos, y cómo podrían superarse mediante una política de salud pública. Las barreras a la ACE se traducen en perjuicios a la salud individual y colectiva que afectan particularmente a las mujeres y entre ellas a las de menores recursos materiales y simbólicos.

Los factores que obstaculizan o facilitan el acceso a la ACE son de tipo subjetivo (informaciones y valoraciones de las personas: por parte de usuarias/os y potenciales usuarias/os, profesionales de salud y funcionarias/os, sobre la acción y efectos de la ACE, y sobre su estatus normativo) y de tipo objetivo (institucionales de los servicios: recursos humanos disponibles capacitados y entrenados en ACE, contenido y calidad de las consultas ginecológicas, existencia de consejerías, disponibilidad en guardias; y externos, tanto a nivel de la sociedad como del Estado: marco normativo, disponibilidad de insumos, logística, campañas). Además, dado que cuanto menos tiempo transcurre desde la relación sexual, mayor es la eficacia de la ACE, y dado el carácter excepcional de su uso (no regular ni previsible), hay factores temporales que se traducen en necesidades específicas de disponibilidad y acceso (por ejemplo, en relación con las guardias, la exigencia o no de recetas).

Hay factores vinculados con la percepción de zonas grises entre lo legítimo y lo ilegítimo, lo legal y lo ilegal, lo recomendable técnicamente y lo no-indicado. Estas zonas grises refieren a la dificultad que tiene la población en distinguir entre anticoncepción regular, ACE y métodos abortivos, así como las distintas etapas y temporalidades que van desde el coito hasta la gestación. Para los profesionales de la salud existe información y evidencia disponible, y habría que evaluar si esa disponibilidad se traduce en el efectivo ofrecimiento en los casos indicados. A su vez, el propio estatus social y legal del aborto plantea tensiones específicas que tiñen las percepciones sobre ACE.

Finalmente, no es posible evaluar barreras a la ACE sin abordar la cuestión de la autonomía y las relaciones sociales que definen la agencia o capacidad de actuar de las mujeres y de las parejas. De ahí que fuera necesario comenzar a indagar, en la línea de las investigaciones y datos sobre accesibilidad a anticonceptivos, y apoyándose en las investigaciones sobre aborto, cuáles son los problemas específicos de la ACE, que no se conocen de manera adecuada.

3. OBJETIVOS

Teniendo en cuenta la diversidad en materia de género, grupo etario, nivel socioeconómico y educativo, historia reproductiva y regional, el proyecto buscó:

- Conocer la información y experiencias de usuarios/as, potenciales usuarios/as y profesionales sobre la AHE
- Conocer en qué medida las concepciones ideológico-políticas, éticas y religiosas favorecen u obstaculizan la accesibilidad a la AHE
- Relevar factores institucionales que favorecen u obstaculizan el acceso a la AHE

Se indagó acerca de factores de tipo subjetivo y de tipo objetivo; factores temporales (ligados a la situación de emergencia) que se traducen en necesidades específicas de disponibilidad y acceso; factores vinculados con las dificultades de distinguir entre anticoncepción regular, ACE y métodos abortivos (y las tensiones derivadas del estatus legal del aborto en la Argentina); factores relativos a la autonomía y las relaciones sociales que definen las capacidades de actuar de las mujeres y de las parejas.

Se buscó determinar la accesibilidad específicamente a la AHE, en el marco general de la accesibilidad a los métodos anticonceptivos, con el propósito de prever estrategias para aumentar la accesibilidad, también específicamente, a la AHE.

El propósito es proveer elementos concretos para el diseño, implementación, monitoreo y evaluación de políticas públicas en materia de AHE, desde una perspectiva de género y derechos humanos.

4. METODOLOGÍA

En la investigación, de carácter exploratorio-descriptivo, se utilizaron métodos cuantitativos y cualitativos. En el componente cuantitativo se llevó a cabo una encuesta a una muestra representativa de la población de 15 a 50 años residente en localidades de la Argentina de 300.000 habitantes y más. En el componente cualitativo se realizaron entrevistas semi-estructuradas a mujeres y varones con y sin experiencia en el uso de ACE, y a profesionales de la salud reproductiva, en tres distritos: áreas metropolitanas de Buenos Aires, Mendoza y San Juan.

Los datos fueron analizados por componente y luego triangulados. En el componente cuantitativo, se siguió la organización temática del formulario de encuesta, presentando tabulados a nivel total, y desagregados por sexo, grupo de edad, máximo nivel de instrucción alcanzado y estrato socioeconómico. En el componente cualitativo, se realizó un trabajo de tipo interpretativo siguiendo la secuencia temática de la guía de entrevista e incorporando los temas emergentes. En la exposición de ambos componentes, se discuten las hipótesis teóricas previas y emergentes, las cuales se integran en el capítulo de discusión.

Componente cuantitativo

En el abordaje cuantitativo, la recolección de información se realizó mediante una encuesta. El cuestionario diseñado tuvo en cuenta la bibliografía consultada y los hallazgos preliminares de las entrevistas semi-estructuradas. Contempló un módulo de información socio-demográfica (del entrevistado/a y del hogar al que pertenece), un módulo de conocimiento y uso de métodos anticonceptivos, un módulo de conocimiento y uso de anticoncepción de emergencia y un módulo de opinión respecto de los estereotipos y roles de género, la salud sexual y reproductiva, el papel del Estado y el aborto. Se incluyeron preguntas de respuesta abierta y de respuesta precodificada. Los resultados se integraron en una base de datos que se trabajó con un software para estadísticas en ciencias sociales, y se realizó un análisis de las temáticas abordadas según sexo, grupo de edad, máximo nivel de instrucción y estrato socioeconómico del hogar.

El trabajo de campo fue realizado por la consultora *AZ Research* durante noviembre y diciembre de 2007. La duración promedio de las encuestas fue de 40 minutos.

La encuesta fue administrada a una muestra de la población de 15 a 50 años de edad y es representativa de la población de esas edades residente en las localidades mayores a 300.000 habitantes.

La muestra fue auto-ponderada. Se realizaron un total de 1219 encuestas en el Área Metropolitana de Buenos Aires, Gran Córdoba, Gran Rosario, Gran Mendoza, Gran Tucumán, La Plata, Mar del Plata, Gran Salta, Gran San Juan y otras localidades.

Algunas variables presentan una estructura diferente al promedio nacional cuando se comparan con las que surgen del Censo Nacional de Población Hogares y Viviendas 2001. En la muestra está ligeramente subrepresentado el grupo de 15 a 19 años, y el nivel de instrucción es más elevado, lo cual se explica en el contexto de poblaciones pertenecientes a grandes centros urbanos. En la sección 10, Cuadros, se incluye un tabulado con las características sociodemográficas de la población entrevistada (Cuadro 12).

Teniendo en cuenta que los datos presentados provienen de una muestra, los porcentajes deben interpretarse con cautela, pues tienen un margen de variación estadística. La muestra tiene un error estándar del 2,8 por ciento con el 95 por ciento de confianza.

Como variable independiente se incluye el estrato socioeconómico del hogar al que pertenecen los entrevistados. Dicho indicador complejo se construyó a partir de la combinación de atributos del jefe/a del hogar (definido como el principal perceptor de ingresos) con la tenencia de bienes durables en el hogar. Las variables consideradas son: cobertura de salud, máximo nivel de instrucción alcanzado, condición de actividad, categoría y calificación de la ocupación para el jefe. Entre los bienes durables de propiedad del hogar contemplados están: televisor, videograbador, heladera con *freezer*, computadora personal, aire acondicionado, automóvil, etc.

Componente cualitativo

A través del componente cualitativo se buscó acceder a la red de significaciones y discursos de las y los protagonistas a fin de comprender mejor los factores que obstaculizan o facilitan el acceso a la AHE. Se realizaron entrevistas semiestructuradas a mujeres y varones en edad reproductiva, residentes en las áreas metropolitanas de Buenos Aires, Mendoza y San Juan (cada una con distintas tradiciones en políticas públicas en materia de salud reproductiva), así como a profesionales y funcionarios de las respectivas áreas de salud reproductiva. El contacto con los entrevistados se realizó mediante informantes clave y a través de la técnica de bola de nieve, a partir de servicios de salud y de vínculos personales.

Las guías de entrevista tuvieron las dimensiones acordes a los objetivos específicos y a la población entrevistada: información y experiencia de ACE (incluyendo situaciones de emergencia anticonceptiva), valoración de la ACE y factores institucionales que facilitan o dificultan la accesibilidad.

Las entrevistas duraron entre 45 minutos y dos horas y media. Previo acuerdo de la persona entrevistada, las entrevistas fueron grabadas y transcriptas, codificadas y analizadas con ayuda de un software para análisis de material cualitativo.

El total de entrevistas realizadas fue de 70. Seleccionando los casos según criterios de muestreo teórico, la distribución final fue de 54 casos de mujeres y varones con y sin experiencia en el uso de ACE, y 16 profesionales de la salud reproductiva. Fueron realizadas 25 entrevistas en Mendoza (20 casos, 5 profesionales); 27 en San Juan (20 casos, 7 profesionales) y 18 en el Área Metropolitana de Buenos Aires (AMBA) (14 casos, 4 profesionales).

Las 54 entrevistas a mujeres y varones que han usado y que no han usado AHE quedaron distribuidas de la siguiente manera:

MUJERES

AMBA				Mendoza				San Juan			
NES Medio Bajo o menor		NES Medio o mayor		NES Medio Bajo o menor		NES Medio o mayor		NES Medio Bajo o menor		NES Medio o mayor	
Usó ACE	No usó	Usó ACE	No usó	Usó ACE	No usó	Usó ACE	No usó	Usó ACE	No usó	Usó ACE	No usó
1	2	4	1	2	3	4	1	2	3	3	1

VARONES

AMBA				Mendoza				San Juan			
NES Medio Bajo o menor		NES Medio o mayor		NES Medio Bajo o menor		NES Medio o mayor		NES Medio Bajo o menor		NES Medio o mayor	
Usó ACE	No usó	Usó ACE	No usó	Usó ACE	No usó	Usó ACE	No usó	Usó ACE	No usó	Usó ACE	No usó
2	1	1	2	2	3	1	4	0	3	3	5

5. RESULTADOS

5.1 Componente cuantitativo

En este apartado se examinan los resultados de la encuesta en relación al conocimiento de métodos anticonceptivos (MAC). El universo de estudio comprende a todas las mujeres y varones de 15 a 50 años.

Conocimiento de métodos anticonceptivos

La gran mayoría de la población encuestada (97,7%) conoce al menos un método anticonceptivo (Cuadro 1.1). Se observan algunas diferencias por sexo: el conocimiento es mayor entre las mujeres (99%) que entre los varones (96,4%) (Cuadro 1.2). El método más conocido es el preservativo masculino (91,6%), seguido de la píldora (86,4%). El DIU aparece mencionado en el 60 por ciento de las respuestas. El resto de los métodos presentan frecuencias mucho más bajas, especialmente el retiro (6,2%) y los métodos vaginales (6,1%). La anticoncepción de emergencia es mencionada por el 9,3 por ciento de los encuestados (Cuadro 1.1).

Aun cuando el nivel de conocimiento es muy elevado, éste aumenta en aproximadamente un 5 por ciento a mayor nivel de instrucción y estrato socioeconómico (Cuadros 1.4 y 1.5).

Diferenciales con respecto al conocimiento de métodos anticonceptivos

El método anticonceptivo más mencionado entre los varones es el preservativo o condón (95,5%), seguido de la píldora anticonceptiva (80%). Entre las mujeres se invierte este orden y mencionan en primer lugar a la píldora (92,6%) y luego el preservativo (87,8%). A excepción del preservativo, los distintos métodos son más reconocidos por las mujeres que por sus pares varones: (74,5% mencionan el DIU vs. 46,6%; inyectable, 40% vs. 13,2%; diafragma, 25% vs. 17%). Los métodos restantes, tales como espermicidas (espumas, jaleas), anticoncepción quirúrgica ("esterilización") femenina o masculina, retiro, o supuestos métodos como yuyos o hierbas fueron mencionados con frecuencias inferiores al 20 por ciento. La anticoncepción de emergencia es más conocida también entre las mujeres, aunque su mención espontánea es escasa en relación a otros métodos (12%) (Cuadro 1.2).

Si bien el análisis por grupo de edad no muestra grandes diferencias, es posible observar que el conocimiento de al menos un método es mayor entre las personas de 30 a 39 años de edad. Esta situación se mantiene al examinar cada método en particular, observándose que a mayor edad, mayor es la frecuencia con que se menciona cada uno de los métodos, lo cual es esperable considerando la experiencia acumulada. De los métodos más referidos, sólo el preservativo femenino y la anticoncepción de emergencia son mencionados más entre los jóvenes (15 a 29 años) que entre los de mayor edad (30 a 50 años), hecho que podría vincularse con la mayor difusión que estos métodos han adquirido en los últimos años. En contraste, las personas de 40 a 50 años mencionan en mayor medida el diafragma, la esterilización femenina y masculina, el método de Billings, retiro y yuyos (Cuadro 1.3).

Como es esperable, el nivel educativo se vincula positivamente con el conocimiento de MAC. En lo que se refiere a la anticoncepción de emergencia, el conocimiento, medido a través de la mención espontánea, entre las personas con niveles de instrucción superiores al secundario completo triplica al de aquellos con educación primaria (15,6% vs. 5,3%). Similar relación se da al considerar estratos socioeconómicos (ESE), donde a mayor nivel socioeconómico, mayor es el conocimiento de MAC. Los niveles de conocimiento de la anticoncepción de emergencia de ese estrato son también los más altos (16,3%) (Cuadros 1.4 y 1.5).

En resumen, el conocimiento de algún método anticonceptivo está muy difundido, siendo los más mencionados el preservativo masculino y la píldora. Las mujeres tienen un conocimiento mayor de algún MAC y mencionan una mayor variedad de métodos. El nivel educativo y la posición socioeconómica se relacionan positivamente con el conocimiento de los métodos en general y con la mención de la ACE. La edad tiene un comportamiento similar, excepto con la ACE y el preservativo femenino.

Fuentes de información sobre métodos anticonceptivos

Si se considera a las distintas categorías en conjunto, los servicios de salud aparecen como la fuente de información sobre MAC más mencionada: el 45,9 por ciento de las personas se informó en un hospital, consultorio o centro de salud. En segundo lugar, las instituciones educativas aparecen en el 40 por ciento de los casos; seguidos por amigos, referidos por más de un tercio de los entrevistados. Los familiares y los medios de comunicación (televisivos, radiales, gráficos) son mencionados en alrededor del 30 por ciento. La pareja apenas es mencionada en el 9,3 por ciento (Cuadro 1.6). Como se verá más abajo, las fuentes de información sobre MAC de uso regular no tienen el mismo peso cuando se trata de AHE.

Diferenciales con respecto a la fuente de información sobre métodos anticonceptivos

La diferencia más notable entre varones y mujeres con respecto a la fuente de información sobre MAC reside en la importancia relativa de los servicios de salud entre las mujeres (65,6% vs 25,3%). Los varones, en cambio, mencionan más a los amigos y a los medios de comunicación (42,1% y 33,6%, respectivamente). Y ambos sexos mencionan a las instituciones educativas (40,4% los varones y 39,2% las mujeres) (Cuadro 1.7).

La mención de los medios de comunicación y los servicios de salud aumenta a medida que se avanza en edad (en el grupo de 40 a 50 años la mención de los servicios de salud casi triplica a la encontrada en el grupo de 15 a 19). Inversamente, entre los más jóvenes cobran mayor importancia las instituciones educativas (65,5%), los familiares y amigos (ambos con alrededor del 40%), lo cual tiene sentido dado que la mayoría aún se encuentra estudiando. La pareja es más mencionada entre los de mayor edad, por tratarse de personas que ya han experimentado uniones conyugales (Cuadro 1.8).

El nivel de instrucción no muestra tantas diferencias con respecto al lugar en el que se recibe información sobre MAC, así como tampoco el estrato socioeconómico del hogar. Las diferencias están más relacionadas con el acceso desigual que las personas tienen a servicios de salud: pagos (como el consultorio privado o la obra social) o los ofrecidos gratuitamente por el Estado (Cuadro 1.9). Las menciones referidas a los servicios de salud en conjunto son similares (alrededor del 45% para todos los niveles de instrucción y estratos socioeconómicos). No obstante, las personas del estrato alto privilegian el consultorio privado en un 23,9 por ciento, en tanto las del bajo nombran al hospital público y al centro de salud en un 37 por ciento en conjunto (Cuadro 1.10).

Inicio de las relaciones sexuales y del uso de métodos anticonceptivos

El 93,8 por ciento de los entrevistados se ha iniciado sexualmente. Los de 20 a 50 años están iniciados casi en su totalidad (98,8%), mientras que entre los más jóvenes (15 a 19 años) este porcentaje desciende al 64,2 por ciento.

De los entrevistados sexualmente iniciados, el 92 por ciento ha usado MAC alguna vez. Este porcentaje es más alto entre las personas de 15 a 39 años, las de mayor nivel educativo y las del estrato socioeconómico alto (Cuadro 2.1).

La pregunta sobre la edad de la primera relación sexual se realizó a todas las personas sexualmente iniciadas. La pregunta acerca de la edad de uso de MAC por primera vez se aplicó sólo a aquellos sexualmente iniciados que alguna vez hubieran usado anticonceptivos. La población bajo análisis tuvo su primera relación sexual en promedio a los 16,8 años, y existe una brecha de 1,4 años entre ese momento y el del primer uso de MAC. Las medianas son inferiores a los correspondientes promedios: la mitad de la población se había iniciado sexualmente a los 16 años y utilizado MAC por primera vez a los 17.

Diferenciales en la edad al inicio de las relaciones sexuales y al uso de MAC

A los efectos de mostrar los diferenciales, se toman las edades promedio. Los varones tienen su primera relación sexual dos años antes que las mujeres (a los 15,8 años), y comienzan a usar MAC 1,4 años después de iniciarse. Esta brecha es similar entre las mujeres, quienes se inician en promedio a los 17,9 años (Cuadro 2.2).

Se reitera la tendencia observada en otros estudios (Kornblit, 2004; Pantelides *et al.*, 2007) de una disminución de la edad promedio a la primera relación sexual en las distintas generaciones. Los de 15 a 19 años se inician a los 15,4 años mientras que los de 20 a 29 lo han hecho un año más tarde (16,4), los de 30 a 39 casi dos años más tarde (17,2) y los de 40 a 50 a los 17,6 años. Asimismo, la brecha entre la edad a la primera relación sexual y al uso de MAC por primera vez es casi nula entre los más jóvenes (0,2 años) y es la máxima entre los de 40 a 50 años (3,1 años) (Cuadro 2.2).

Se observan diferencias entre las personas de menor y mayor nivel de instrucción: en promedio, las primeras se inician casi dos años antes que los de nivel educativo superior (16 vs. 17,9 años), y la distancia que hay entre la primera relación sexual y el uso de MAC por primera vez se reduce a medida que avanza el nivel educativo.

Al considerar el estrato socioeconómico se observa que en el superior se inician sexualmente más tarde (18,1 vs 16,4 años) y comienzan a utilizar MAC más tempranamente, alrededor de 7 meses después de su primera relación sexual frente a 2 años en el estrato inferior (Cuadro 2.2).

Uso actual de métodos anticonceptivos

En este apartado se examina la situación de uso de métodos anticonceptivos al momento de la entrevista. Además del uso o no uso, se analizan el tipo de método utilizado, el motivo de elección, el lugar donde se obtiene el método, y si se consigue de forma gratuita. Asimismo, se muestra en qué medida cada uno de estos aspectos varía entre mujeres y varones, grupos de edad y situaciones educativas y socioeconómicas.

Para ello se restringe el universo de estudio a todas las personas sexualmente iniciadas y hetero-sexualmente activas durante el último año. El 94,5 por ciento de todas las personas sexualmente iniciadas se declara sexualmente activo durante el último año.

El 81,4 por ciento de las personas sexualmente activas declararon utilizar algún método anticonceptivo en el último año de modo regular[4] (Cuadro 3.1). En cuanto al método, el 55,3 por ciento utiliza preservativo, el 27,7 por ciento, la píldora y el 7,4 por ciento, el DIU. Apenas una de cada veinte personas utiliza métodos de los considerados poco eficaces, ya sea el ritmo, retiro, u otros (Cuadro 3.2).

El 69,7 por ciento de los usuarios de MAC utiliza sólo un método. Quienes combinan dos o más métodos usan preservativo masculino y píldora en un 80 por ciento.

Diferenciales en el tipo de método utilizado

El método más utilizado, tanto por varones como por mujeres, es el preservativo: más de dos tercios de los varones (66,7%) y el 43,2 por ciento de las mujeres lo usan. La píldora lo sigue en importancia, aunque fue más mencionada por las mujeres (32,8% vs. 23%). Los demás métodos son poco utilizados, con excepción del DIU que es utilizado por el 10 por ciento de las mujeres (Cuadro 3.3).

Al examinar las diferencias por grupo de edad, no se observa un cambio en el orden de importancia de los métodos según porcentaje de uso, pero sí distintos niveles de importancia relativa. Es decir, todas las personas mencionan al preservativo como el método más utilizado, aunque entre los más jóvenes (15 a 19 años) su uso alcanza el 87 por ciento y entre los adultos desciende al 50 por ciento. Lo mismo ocurre con la píldora (35% entre los de 20 a 29 años y 19% entre los de 40 a 50). La esterilización (femenina y masculina), si bien poco utilizada, es más mencionada

---

[4]   Se contemplaba dentro de las posibles respuestas la opción "A veces/ depende", pero la categoría no registra casos.

entre las y los de mayor edad, al igual que el método de Billings. La anticoncepción de emergencia sólo es mencionada en el grupo de 20 a 29 años, pero hay que tomar la cifra con cautela pues puede tener alta variabilidad, dado el reducido número de casos (Cuadro 3.4).

El nivel de instrucción de las personas también marca diferencias, aunque se mantiene la predominancia del preservativo y la píldora; el DIU es más elegido por personas con primario completo que entre las del nivel superior (13,6% vs. 4,4%) (Cuadro 3.5).

Con respecto al estrato socioeconómico, se mantiene la importancia del preservativo como primer método utilizado en todos los estratos. Además, se verifica que la píldora tiene mayor importancia relativa entre los estratos medio y bajo que en el alto (28% vs. 18,8%) y se destaca que el método de Billings tiene una adhesión de casi el 8 por ciento entre las personas del estrato alto (Cuadro 3.6).

Motivos de elección del método anticonceptivo

El principal motivo de elección de método anticonceptivo es la efectividad, según cuatro de cada diez entrevistados. Otros motivos, como el hecho de no ser perjudicial para la salud, la comodidad y la prevención de ITS son mencionados entre el 12 y 15 por ciento de las veces. Esto denota racionalidad al momento de elegir el método. La gratuidad sólo es mencionada por el 2,7 por ciento de los casos (Cuadro 3.7).

Si se analizan los motivos de elección de los usuarios de preservativo de manera separada, la prevención del VIH/sida aparece en el 19,1 por ciento. Es la segunda razón en orden de importancia después de la efectividad, que sigue siendo la más mencionada (38,6%). Los usuarios de este método no parecen recurrir al consejo médico para su elección (menos del 2%); sí lo hacen los usuarios del resto de los métodos (17%) [No se muestra en cuadros].

Diferenciales en el motivo de elección

El cuerpo de las mujeres es el involucrado en los métodos distintos al preservativo (DIU, pastillas, diafragma, inyectable). Por ese motivo aparece en ellas, de forma más acentuada, la preocupación por no dañar la salud (16,5% vs. 8,8%) y las indicaciones del médico; en este último caso, las menciones casi triplican a las de los varones (12,3% vs. 4,6%). Cabe recordar que las mujeres utilizan más que los varones los servicios de salud como fuente de información sobre MAC. Es también destacable la mayor importancia relativa que en el caso de los varones tiene la prevención del VIH/sida, consistente con el uso de preservativo y sus ventajas asociadas (Cuadro 3.8). La vasectomía apenas fue mencionada.

Los diferenciales en los motivos de elección del método por grupo de edad muestran que la efectividad es siempre la razón más mencionada sin importar la edad. Se observa entre las personas de 15 a 19 años una mayor preocupación por cuestiones relativas a la prevención del VIH/sida (25%) que en el resto de los grupos de edad. En cambio, las indicaciones del médico tienen más relevancia entre las personas de 20 a 50 años. La prevención del VIH/sida es un motivo de selección del método que aparece con más peso relativo entre los de 40 a 50 años (Cuadro 3.9).

El cuidado de la salud es también mencionado con más frecuencia por las personas del nivel educativo superior (15,9%) y del estrato alto (20,3%). La efectividad es mencionada como motivo principal en todos los niveles educativos y en los tres estratos, pero las personas de menor nivel educativo y estrato bajo presentan las frecuencias más altas (47,3% y 43,2%, respectivamente) (Cuadros 3.10 y 3.11).

Lugar de obtención del método anticonceptivo utilizado

La farmacia y el kiosco son los lugares a los que, en conjunto, recurrió el 64,4 por ciento de usuarios de MAC.

Los servicios de salud aportan el 26,7 por ciento. Para los métodos llamados naturales, la respuesta respecto del lugar fue "No aplica" (Cuadro 3.12).

Si se analizan separadamente los usuarios de preservativo y los del resto de MAC, se observa que el tipo de método está estrechamente relacionado con el lugar donde se lo obtiene: mientras los usuarios de preservativo recurren en un 47,4 por ciento a la farmacia, 39,8 por ciento al kiosco y sólo el 7,8 por ciento a servicios de salud, de los usuarios de otros MAC, la mitad recurre a los servicios de salud y 33,8 por ciento a la farmacia (Cuadro 3.13).

Diferenciales en el lugar de obtención del método anticonceptivo utilizado

La diferencia más notoria entre varones y mujeres reside en que estas últimas recurren más a los servicios de salud y menos al kiosco, aunque dada la extensión del uso del preservativo y la píldora en ambos sexos, la farmacia es el lugar más frecuente de obtención de MAC (Cuadro 3.14).

Las diferencias por grupo de edad evidencian que al estar el preservativo más difundido entre los jóvenes, y por conseguirse con relativa facilidad en farmacias y kioscos, estos lugares concentran más del 80 por ciento de las menciones en los grupos 15 a 19 y más del 70 por ciento en los de 20 a 29 años. Los servicios de salud son los lugares a los que acuden las personas de mayor edad, con alrededor del 30 por ciento de casos (Cuadro 3.15).

Con respecto al nivel de instrucción, se destaca la mayor mención que se hace de los servicios de salud (41,8%), y el hospital público principalmente (20,9%), entre las personas de menor nivel de instrucción. Las personas de los niveles secundario y superior recurren casi en un 50 por ciento a la farmacia (Cuadro 3.16).

Las diferencias entre estratos socioeconómicos están relacionadas con la capacidad adquisitiva: los estratos alto y medio recurren en un 45 por ciento a la farmacia, en un 22 por ciento al kiosco y en un 23,5 por ciento a los servicios de salud, fundamentalmente consultorio privado. En cambio, las personas del estrato bajo utilizan en mayor medida los centros de salud/salitas y el hospital público (30% en conjunto), donde obtienen los MAC en forma gratuita (Cuadro 3.17).

Gratuidad del método anticonceptivo utilizado

La gratuidad del método está relacionada con el tipo de método y con el lugar de obtención. La mayor parte de la población encuestada utiliza el preservativo y lo obtiene mediante pago en farmacias y kioscos. Sólo el 22,1 por ciento de los entrevistados declara haberlo obtenido gratuitamente. Si se aísla a los usuarios de preservativo, se observa que el nivel de gratuidad se incrementa entre los usuarios de otros métodos: algo más de un tercio los obtienen de forma gratuita (Cuadro 3.18).

Diferenciales en la gratuidad del método anticonceptivo utilizado

No se observan diferencias significativas respecto de la gratuidad ni por sexo ni por grupo de edad, a excepción del grupo de 20 a 29 años donde un 26 por ciento obtiene el método gratis (Cuadro 3.18). Sí las hay en los distintos niveles de educación: casi el 40 por ciento de las personas con menor nivel de instrucción declaran obtener gratuitamente el método que utilizan. Lo mismo sucede con una de cada tres personas en el estrato bajo, mientras que sólo el 13,6 por ciento de los del estrato alto y el 15,3 por ciento de nivel educativo superior los obtienen sin pagar (Cuadro 3.18).

Teniendo en cuenta que una de las prioridades de las políticas de salud es la atención de los sectores más desprotegidos y de menores recursos, los resultados de la encuesta (que coinciden con los de la Encuesta Nacional de

Nutrición y Salud 2004-05) muestran un sesgo redistributivo de las políticas de salud sexual y reproductiva: si se tiene en cuenta el nivel educativo o el estrato socioeconómico, se verifica que en situaciones de mayor carencia, mayor es la proporción de personas que obtiene los métodos anticonceptivos de manera gratuita, si bien queda un largo camino por transitar.

No usuarios de métodos anticonceptivos

El 18,6 por ciento de las personas sexualmente activas durante el último año no utiliza ningún método anticonceptivo. Los diferenciales por sexo, edad, nivel de instrucción y estrato socioeconómico pueden leerse como el complemento del cuadro 3.1. Cabe recordar que quienes no utilizan métodos anticonceptivos son más frecuentemente las personas de 40 a 50 años y las de menor nivel de instrucción.

Motivos de no uso y disposición a usar en el futuro

Debido a las restricciones que impone el número mínimo de casos muestrales, los motivos de no uso en el sub-universo específico de no usuarios no se analizarán en forma desagregada por sexo, edad, educación o estrato socioeconómico.

Como se observa en el Cuadro 4.1, la mayor parte de las respuestas (40,3%) con respecto al motivo para no utilizar anticonceptivos recae en la categoría NS/NC. Esto puede deberse tanto a una ignorancia genuina del entrevistado con respecto al porqué de su conducta, como a la imposibilidad de poner en palabras sus razones. El siguiente motivo mencionado es el deseo de embarazo, manifestado por el 30 por ciento. Los restantes motivos no alcanzan el mínimo de observaciones que permitan realizar evaluaciones.

Sólo el 14,4 por ciento de los no usuarios durante el último año estaría dispuesto a utilizarlos en el futuro. El

59,2 por ciento no sabe o no responde, reiterándose lo ocurrido con los motivos de no uso actual de anticonceptivos (cuadro 4.2).

Métodos que nunca usaría

A todos los entrevistados se les preguntó si existen métodos que no usarían nunca, y cuáles son. Más del 60 por ciento menciona algún método que no usaría nunca (Cuadro 4.3). [Los Cuadros 4.3 a 4.6 consignan en la primera fila el porcentaje de respondentes que usaría cualquier método anticonceptivo, luego el porcentaje de aquellos que nunca usarían algún determinado método puede leerse como el complemento de dicha cifra].

Entre los métodos rechazados, el más mencionado es el DIU (31,5%). Le siguen la píldora (paradójicamente, el segundo método más utilizado) y la esterilización femenina, ambos con alrededor del 21 por ciento. El menos rechazado (3,2%), es el preservativo, tal como era de esperar vista su predominancia a pesar de que el uso incorrecto o a destiempo puede influir negativamente en su eficacia y a pesar de las campañas en contra de su uso por parte de la iglesia católica. Un 6,6 por ciento de personas menciona a la anticoncepción de emergencia como método que nunca usarían (Cuadro 4.3).

Diferenciales en los métodos
anticonceptivos que nunca usaría

Las mujeres, más que los varones, declaran que hay algún método que nunca usarían (70,8% vs. 50,7%). Con excepción de la vasectomía, mencionada por el 25 por ciento de los varones, las mujeres ostentan mayor rechazo en todos los métodos, encabezados por el DIU (4 de cada 10), la esterilización femenina (26,9%), y el inyectable (24,4%). Los yuyos (que no son métodos anticonceptivos) son mencionados por el 22,9 por ciento. El 7,4 por ciento de las mujeres expresa no querer usar la anticoncepción de emergencia (Cuadro 4.3). Entre los distintos grupos de edad casi no hay diferencias significativas respecto de la disposición a no usar un método, con la excepción de la esterilización femenina, que es más rechazada entre las personas de 15 a 19 años (Cuadro 4.4).

Ni el nivel de instrucción ni el estrato socioeconómico muestran diferencias significativas con el promedio respecto del rechazo de algún MAC. Las personas de nivel educativo superior mencionan en su mayoría (67,7%) que no usarían algún método, dándose las diferencias más destacables en el rechazo de métodos quirúrgicos como la esterilización femenina, mayormente en el nivel educativo y estrato socioeconómico altos (27,4% y 40,5%, respectivamente, nunca la usarían) (Cuadros 4.5 y 4.6).

Conocimiento de anticoncepción de emergencia

En esta sección se presentan los hallazgos relativos a qué sabe la población y qué percepciones tiene acerca de la situación de emergencia anticonceptiva y del método anticonceptivo de emergencia. En el cuestionario, se preguntó primero acerca de qué métodos conocían, y se registraron las respuestas que espontáneamente mencionaron los encuestados. Allí apareció en una baja proporción la mención de la ACE. Más adelante, se indagó acerca de la situación de emergencia, para relevar si la ACE aparecía entre el menú de opciones que manejan las personas ante esta situación. Finalmente, se indagó si conocían la ACE o "píldora del día después", y qué sabían y opinaban al respecto.

Posibles acciones a tomar ante la eventualidad de un embarazo

En la encuesta se incluyó la siguiente pregunta: "Si luego de tener relaciones sexuales, por algún motivo surge la preocupación o el temor por un posible embarazo, más allá de tus creencias personales y según tu conocimiento, ¿pensás que en esa situación es posible hacer algo para evitarlo?". Poco más de la mitad (51,7%) respondió que sí, poco menos que no (41,3%) y 7 por ciento NS/NC. Varones y mujeres respondieron en similares proporciones. Se verifican variaciones en cuanto a la edad (la franja de 20 a 29 años respondió que sí en un 57,2% y los mayores en un 48,7%), al nivel de instrucción (los de menor nivel respondieron que sí en un 38,1% y los de educación superior en un 62,1%), y al estrato socioeconómico (las personas de estrato bajo respondieron afirmativamente en un 43,6% y en el alto en un 57,3%) (Cuadro 5.1.).

La pregunta "¿Qué se puede hacer en esa situación?" fue hecha a quienes respondieron afirmativamente a la pregunta anterior. Espontáneamente, un 33,5 por ciento respondió "Tomar la pastilla del día después" (o ACE); 24,8 por ciento respondió "Hacer un test de embarazo y esperar" y el mismo porcentaje respondió "Abortar"; 18,8 por ciento dijo "Tomar la pastilla *Dosdías*"; 7,4 por ciento dijo "Hacer un test de embarazo y tomar pastilla del día después" (lo cual no es, recuérdese, lo indicado); y 4 por ciento dijo "Tomar pastillas anticonceptivas en las dosis de siempre" (Cuadro 5.2). La *Dosdías* no es anticoncepción de emergencia, sino un producto de composición parecida a la de los anticonceptivos de uso corriente que se utiliza como diagnóstico de amenorreas secundarias y se usa habitualmente para descartar la existencia de un embarazo. Son dos comprimidos, que se deben tomar con 24 horas de distancia. A diferencia de la AHE, su toma está indicada cuando ya hay un atraso menstrual.

Al concentrarse en la respuesta "Tomar la pastilla del día después", se encuentran diferencias por sexo: 40,7 por ciento de mujeres vs. 26,4 por ciento de varones mencionan esa opción (Cuadro 5.3). Si bien estos datos muestran que las mujeres conocen más la ACE como opción frente a la potencialidad de un embarazo, también son ellas quienes más mencionan la opción no aconsejable de "Hacer un test de embarazo y esperar". En cuanto a la edad, la proporción de menciones a la ACE es mayor en el grupo 20 a 29, y similar en el resto (Cuadro 5.4). Cuanto mayor es el nivel de instrucción, hay mayor proporción de menciones a la ACE como opción y lo mismo sucede respecto de los estratos socioeconómicos (Cuadros 5.5 y 5.6).

Las mujeres mencionan en mayor proporción que los varones la ACE, y también hay diferencias por sexo en cuanto a otras opciones: la opción de abortar es mencionada por 35 por ciento de los varones y 14,3 por ciento de las mujeres, siendo ésta la brecha más grande de todas ls encontradas en cuanto a opciones por sexo (Cuadro 5.3). El aborto como opción aumenta en los extremos de la distribución etárea (31,8% entre los de 15 a 19 años y 28,7% en los de 40 a 50 años) (Cuadro 5.4), entre las personas de menor nivel de instrucción y con distribución dispar según el estrato socioeconómico (Cuadros 5.5 y 5.6).

A quienes respondieron que no (41,3%) o que no sabían (7%) si se podía hacer algo ante un temor de embarazo (Cuadro 5.1), así como a quienes no habían mencionado espontáneamente la ACE (Cuadro 5.2), se les repreguntó explícitamente si sabían "qué es la anticoncepción de emergencia o píldora del día después". Eso permitió calcular, para el total de la muestra, cuántos conocían la existencia de la ACE, para profundizar sobre el grado y precisión de dicho conocimiento, sus percepciones y opiniones.

Del total de 1219 mujeres y varones encuestados, el 65 por ciento dijo conocer la ACE. Las mujeres la conocen en mayor proporción que los varones (69,7% vs. 60,2%), los de edad intermedia en mayor proporción que los más jóvenes y los mayores, y la progresión se verificó según nivel educativo (de 35,2% en primario incompleto a 87,5% en superior) y estrato socioeconómico (de 51,3% a 84,8%) (Cuadro 5.7).

Recapitulando: Como mención espontánea, sólo un 9,3 por ciento del total mencionó la ACE entre los MAC

(Cuadro 1.1). En otra pregunta algo más dirigida, la ACE fue mencionada por 33,5 por ciento del subconjunto interrogado (formado por quienes respondieron que sí se puede hacer algo para prevenir un embarazo luego de la relación sexual, y que representan el 51,7% del total): es decir, en esta pregunta el 17,3 por ciento del total de la muestra mencionó la ACE espontáneamente (Cuadro 5.2) [5]. Finalmente, la pregunta explícita sobre conocimiento de ACE dio como resultado que 65 por ciento de la muestra respondió por la afirmativa (Cuadro 5.7). Estos datos muestran que muchos de los encuestados conocen la existencia de ACE, aunque su mención espontánea como último recurso frente a una situación de emergencia anticonceptiva no se condice con aquel conocimiento extendido.

Fuentes de información sobre anticoncepción de emergencia

Mayoritariamente, se conoce a la ACE como la "pastilla del día después" (85,7% mencionó espontáneamente esta denominación), y uno de cada diez mencionó alguna denominación incorrecta o ninguna (Cuadros 5.8 y 5.9).

Del total de personas que declaran conocer qué es la ACE, las principales fuentes de información son "no médicas": las amigas y amigos (39,5%), los medios de comunicación (36,2%), la escuela o universidad (13,8%), los familiares (9,6%) y la pareja (6,8%). Las fuentes "médicas" mencionadas son el ginecólogo (9,5%), el hospital público (6,5%), el consultorio privado (4,4%), el centro de salud o salita (4,2%) y la farmacia (2,1%) (Cuadro 5.10).

Aparecen diferencias según sexo: el ginecólogo es fuente de información para 13,2 por ciento de las mujeres pero para

---

[5]   Nota: este porcentaje sería algo más elevado si se incluyeran los que responden "hacer el test y luego tomar la pastilla del día después".

el 5,1 por ciento de los varones, y la esposa ha sido fuente de información para el 10,7 por ciento de los varones, mientras que el esposo ha sido fuente sólo para el 3,4 por ciento de las mujeres. Si bien es alto para ambos, el 41,8 por ciento de los varones mencionan a sus amigos y amigas como fuente de información sobre ACE (Cuadro 5.11).

Respecto de la edad, los amigos (41,3%), la escuela o universidad (39,17%) y los familiares (17,4%) son las fuentes de información más mencionadas por el grupo de 15 a 19 años. En los otros grupos aparecen como más importantes los medios de comunicación (51,2% entre las personas de 40 a 50 años) y los servicios de salud (Cuadro 5.12).

Así, los amigos/as son importantes para todos los segmentos, pero en mayor medida para los varones, los más jóvenes, y para los de nivel educativo y socioeconómico más alto.

El centro de salud o salita es mencionado por el 8,2 por ciento de quienes tienen hasta primario incompleto y por el 7,1 por ciento del estrato bajo, ambos duplicando o triplicando las menciones en otros segmentos. El hospital público es más mencionado en "secundario incompleto" (9,8%) que en "hasta primario" (3,3%). El ginecólogo es más mencionado a medida que se asciende en la escala socioeconómica (6,2% en el estrato bajo y 13% en el alto) (Cuadros 5.11 al 5.14).

La información sobre ACE parece circular en mayor medida en los ámbitos sociales (amistades, familiares, medios) que en los vinculados a la atención de la salud, a diferencia de los MAC de uso regular como las pastillas o el DIU (Cuadro 1.6).

Conocimiento y percepciones sobre anticoncepción hormonal de emergencia o "píldora del día después"

En este punto se indagan los conocimientos y opiniones de las personas entrevistadas en función del grado de acuerdo o desacuerdo con distintas afirmaciones referidas al modo de funcionamiento de "la píldora del día después (PDD) o anticoncepción de emergencia". Los porcentajes que se describen a continuación se calculan sobre un total de 782 respuestas: las de quienes habían dicho conocer la ACE, es decir el 65 por ciento de la muestra total (Cuadros 5.15 al 5.19).

Al indagar si la PDD o AHE "actúa antes de la relación sexual", se observa lógicamente un alto porcentaje (88,2%) de desacuerdo con dicha afirmación, levemente superior en el caso de las mujeres (90,7%). No hay diferencias importantes al analizar por edad, nivel de instrucción o socioeconómico (Cuadros 5.15 al 5.19).

Existe un alto porcentaje de acuerdo (91,7%) en que la PDD o AHE "actúa después de la relación sexual", sin variar los porcentajes significativamente al desagregar.

En ítems que requieren conocimientos más detallados, tales como "la PDD o AHE impide la fecundación (unión del óvulo y el espermatozoide)" o "la PDD o AHE impide la anidación del óvulo fecundado", hay un aumento significativo del valor "NS/NC" y de las respuestas incorrectas.

Respecto de que "la PDD o AHE impide la fecundación", lo cual es correcto, en un 58,3 por ciento hay acuerdo. El nivel de desacuerdo (conocimiento incorrecto) es del 23,3 por ciento y el de NS/NC es del 18,4 por ciento. De las mujeres (algo más que los varones), el 26,3 por ciento manifiestan su desacuerdo con la frase. No hay diferencias significativas según edad o estrato socioeconómico y, llamativamente, el porcentaje de acuerdo es mayor cuanto menor es el nivel de instrucción alcanzado.

La segunda afirmación ("la PDD o AHE impide la anidación del óvulo fecundado", lo cual es incorrecto) cuenta con un 58,6 por ciento de acuerdo, y registra un considerable porcentaje de NS/NC (27,6%), lo que resulta en un escaso 13,8 por ciento que señala su correcto desacuerdo.

Independientemente de la actitud personal ante la interrupción voluntaria del embarazo o de la consideración acerca de si el impedimento de la anidación constituye o no "un aborto", muchos entienden que la AHE puede usarse para impedir la anidación del óvulo fecundado o no están seguros.

Al desagregar por sexo no hay diferencias en el nivel de acuerdo, pero sí en el de desacuerdo (respuesta correcta) que alcanza el 9,1 por ciento en varones y el 17,9 por ciento en mujeres. Sólo uno de cada diez varones y dos de cada diez mujeres señalan que es falso, con lo que la mayoría tiene un conocimiento erróneo en este punto. Registran porcentajes mayores de conocimiento correcto las mujeres, los de mayor nivel educativo y de estrato económico más alto, no encontrándose diferencias por edad.

Al indagar si la PDD o AHE "es la última barrera ante una relación sexual desprotegida o cuando falló el MAC habitual", lo cual refiere a la indicación de AHE y a una campaña que hablaba de AHE como "última barrera", hay un 65,5 por ciento de acuerdo y un 14,1 por ciento de NS/NC.

En relación a la afirmación referida a que la PDD o AHE "puede producir malformaciones si la mujer está embarazada", aparece un 31,7 por ciento de acuerdo, en tanto que el 40,3 por ciento no sabe o no contesta. De esta manera, el 72 por ciento de los casos concentran una concepción equivocada, el desconocimiento o la falta de respuesta, porcentajes que no varían significativamente según sexo. Los jóvenes de 15 a 19 señalan en mayor proporción su acuerdo (35,9%) y también NS/NC (46,7%), y sólo un 17,4 por ciento (contra 25-32% en otras franjas) señala desacuerdo. El nivel de acuerdo aumenta entre las personas de bajo nivel educativo y bajo estrato socioeconómico (45,2% y 39,4%).

En síntesis, más allá de lo básico, a saber, que la AHE se toma después y no antes de las relaciones sexuales, y

–aunque en menor proporción– que la AHE es una barrera ante una relación sexual desprotegida o cuando falló el método habitual, la población no tiene un conocimiento adecuado de su modo de funcionamiento (impide la fe-cundación, y no la anidación del óvulo fecundado) y de sus supuestos efectos nocivos si la mujer está embarazada, y esto más allá del sexo, rango de edad, nivel de instrucción alcanzado y estrato socioeconómico.

Se indagó también acerca de la accesibilidad a la AHE, en términos legales, costos, y lugares adonde se la puede conseguir. En la Argentina, la norma indica que la PDD se vende bajo receta común, no archivada, lo que quiere decir que en la práctica es de venta libre, como la mayor parte de los medicamentos.

Según los datos de la encuesta, existe un 25,3 por ciento de acuerdo respecto de que la PDD o AHE "se vende bajo receta". Un alto porcentaje (73,9%) considera que la PDD o AHE "se puede conseguir fácilmente en las farmacias", por-centaje que aumenta en varones (76,3%), jóvenes (79,1%), personas con secundario completo y superior (74,7% y 75,2%), y en quienes pertenecen a los estratos medio y alto (74,5% y 79,2%).

En cuanto a si la PDD o AHE "se puede conseguir fácilmente en hospitales o centros de salud", un 45,4 por ciento de personas está de acuerdo, y es importante el porcentaje de personas que está en desacuerdo (19,9%) o que desconoce el tema o no responde (34,7%). Este último dato señala indirectamente el grado de conocimiento res-pecto del Programa Nacional y los Programas provinciales de Salud Reproductiva, como las opiniones relativas a la accesibilidad –real y no teórica– a este método en efectores públicos. El grado de acuerdo no varía significativamente según sexo o nivel socioeconómico, siendo algo mayor en la franja más joven y en los niveles de menor grado de instrucción alcanzado.

Otra cuestión ligada a la accesibilidad tiene que ver con el estatus ilegal y, para algunos, estigmatizado del aborto. Prevalece la confusión entre AHE e interrupción de embarazo (como se observó también en las entrevistas cualitativas). Al consultar si la PDD o AHE "sirve para interrumpir el embarazo (abortar)", se encuentra un 57,8 por ciento de acuerdo con la afirmación.

La opinión de que la AHE sirve para abortar aumenta entre los varones (63,6%), los de mayor edad, quienes tienen hasta el primario completo (66,1%) y las personas de nivel socioeconómico bajo (62,3%). Inversamente, es menor entre las mujeres (52,7%), los jóvenes de 20 a 29 años (52,3%), los más educados (48,9% en nivel de instrucción superior) y estrato socioeconómico alto (49,4%). En suma, según todos los parámetros, prevalece el acuerdo con la frase de que la AHE sirve para interrumpir el embarazo.

La percepción borrosa o equivocada del estatus legal de la ACE constituye un obstáculo a la accesibilidad. Al indagar sobre este tema, en cuanto a si la PDD o AHE "es ilegal, pero todo el mundo la consigue", un 36,3 por ciento está de acuerdo, 40 por ciento en desacuerdo y el 23,7 por ciento señala que no sabe, o no contesta. Estos datos no se pueden analizar en términos de conocimiento correcto e incorrecto, pues incluye una parte de información (es legal o es ilegal) y otra de opinión personal (la que refiere a "todo el mundo la consigue"). Pero permite analizar que efectivamente hay una gran parte de la gente que piensa ambas cosas: que la ACE es ilegal pero su práctica está extendida (similar al aborto inducido).

Entre las mujeres es mayor el porcentaje de acuerdo (39,1%) que de desacuerdo (35,6%), al revés que en los varones. En relación al nivel socioeconómico, hay más acuerdo que desacuerdo en el estrato bajo, al revés que en el medio y alto. En suma, la creencia de que la "la PDD es ilegal pero se consigue" prevalece entre las mujeres, los de mayor edad y los de menores ingresos.

La familiaridad con un método influye en su accesibilidad, en términos de su demanda. Al consultar si la PDD o AHE "es algo que poca gente usa", se observan porcentajes similares en el grado de acuerdo y de desacuerdo (37,6% y 38,1%, respectivamente), al tiempo que un 24,3 por ciento no sabe o no contesta. De las mujeres, un 40,1 por ciento está de acuerdo con que es algo que poca gente usa (frente a un 34,7% de los varones), y un 37 por ciento está en desacuerdo con eso. Respecto de la edad, el acuerdo es mayor en los dos extremos de la distribución etárea (41%). En cuanto al nivel de instrucción alcanzado, el grado de acuerdo con la afirmación es ampliamente mayor en los primeros tres niveles, siendo el nivel superior el único en el cual es considerablemente mayor el grado de desacuerdo (45,7%). El grado de desacuerdo aumenta en los niveles socioeconómicos medio y alto (40,5% y 42,9%, respectivamente).

El ítem anterior se refiere a la percepción en general. El ítem siguiente se refiere a la experiencia del entorno del entrevistado/a. Al indagar si la PDD o AHE "es algo que muchas de mis amigas y conocidas han usado", hay una mayor proporción de acuerdo (41,7%) con esta afirmación, lo que se mantiene al analizar por sexo. El grado de acuerdo es considerablemente más elevado en los más jóvenes (46% en los grupos de 15 a 19 y de 20 a 29 años). El grado de acuerdo aumenta en el nivel educativo superior.

Al comparar, se observa que el porcentaje de quienes señalan que muchas de sus amigas la han usado es mayor que el que desacuerda en que poca gente la usa. La percepción diferencial se resumiría en la frase siguiente: "entre quienes conozco, la han usado, pero no creo que su uso esté tan extendido".

Un temor entre algunos profesionales se refiere que la ACE pudiera llegar a reemplazar a la anticoncepción de uso regular. Al indagar respecto de si consideran que la PDD o AHE "es más práctica que usar anticonceptivos todos los días", un amplio porcentaje se encuentra en desacuerdo (72%), siendo mayor el desacuerdo en mujeres (75,9%) que en varones (67,5%). En las franjas más jóvenes es mayor el desacuerdo (73%) que en la franja de 40 a 50 años (66,9%). A menor nivel de instrucción, el desacuerdo con esta afirmación disminuye (valdría la pena indagar, con metodologías etnográficas si "soluciones" de última instancia no están efectivamente extendiéndose por sobre las prácticas preventivas). Algo similar ocurre al analizar por nivel socioeconómico.

Otro temor que circula entre profesionales es que la ACE venga a reemplazar al preservativo que, además de método anticonceptivo, es la principal barrera a las infecciones de transmisión sexual. Sin embargo, según la encuesta, en cuanto a si la PDD o AHE "sirve para prevenirse del sida", mayoritariamente hay desacuerdo al respecto (93,1%). Las campañas acerca del uso del preservativo como medio de prevención del VIH/sida han logrado instalar ese mensaje, corroborando lo hallado en otros trabajos. Sólo entre el menor nivel educativo, hasta primaria completa, hay algunos valores preocupantes (4,8% está de acuerdo con que la ACE previene el VIH/sida).

Así como se indagó sobre la percepción de uso general o en el entorno, también se indagó sobre la ACE como tema de conversación. Por un lado, ante la afirmación de que la PDD o AHE "es algo de lo que se habla mucho en los medios de comunicación" surge que sólo un 33 por ciento acuerda, mientras que un 58,2 por ciento manifiesta desacuerdo, evidenciándose la escasa visibilidad que el tema alcanza en los medios según la percepción de las personas encuestadas.

Por otro lado, al indagar si "es algo de lo que se habla mucho entre las mujeres" el porcentaje de acuerdo aumenta al 48 por ciento en varones y al 52,8 por ciento en mujeres, con un alto porcentaje de NS/NC (21,6%). El NS/NC llega a un 35,3 por ciento entre los varones. Los mayores grados de acuerdo se encuentran en la población joven (50%), con menos nivel de instrucción (54,8%), y menor nivel socioeconómico (51,1%).

A manera de conclusión de esta sección, existe una alta proporción de opiniones acertadas respecto del momento de uso de la anticoncepción de emergencia. Pero en la medida en que se indaga en torno de conocimientos más específicos respecto del mecanismo de acción de este método, el porcentaje baja y aumentan tanto las respuestas incorrectas como los porcentajes de falta de respuesta y/o desconocimiento, aspectos que darían cuenta de la presencia de conocimientos más bien generales (casi del orden del sentido común) que de información fehaciente.

Se identificó un alto grado de equívoco, desconocimiento o falta de respuesta al indagar sobre la posibilidad de que el uso de este método genere malformaciones en el caso de un embarazo. Y a su vez, se puso de manifiesto un grado de acuerdo significativo en que se trata de un método que sirve para interrumpir el embarazo. Esto da cuenta de una tendencia a asociar a la anticoncepción de emergencia ya sea con un método abortivo o bien a consecuencias perjudiciales para la continuidad de un eventual embarazo. Aspectos, estos, que –más allá de ser falsos y merecer ser corregidos con información válida por parte de las políticas y programas de salud– ponen en evidencia el carácter político-ideológico conservador o estigmatizante de las construcciones de sentido que han operado en torno de este método en la Argentina.

Hay un alto grado de acuerdo sobre el fácil acceso a este método en farmacias, acuerdo que disminuye al indagar sobre su accesibilidad en establecimientos públicos, haciendo visible que el margen de conocimiento respecto de la distribución gratuita en efectores públicos no es muy alto, o bien, que su acceso real en la red estatal de salud no está suficientemente garantizado. Este último aspecto se ve reforzado con los resultados obtenidos al indagar sobre la presencia de este tema en los medios de comunicación, donde surge que en mayor proporción se considera que no se habla mucho de este método en los medios, con lo cual no hay amplia circulación de información.

Las opiniones sobre la legalidad y grado de uso de la anticoncepción de emergencia se encuentran muy parejas entre el acuerdo, el desacuerdo y el desconocimiento o falta de respuesta. No se identificaron dificultades en la percepción de este método en relación al VIH/sida, en la medida en que no es considerado eficaz como método de prevención del mismo, ni tampoco es mayoritaria la percepción de la anticoncepción de emergencia como sucedánea de la anticoncepción regular, aunque tal percepción está relativamente más extendida en los sectores más bajos y con menor nivel educativo. Por último, se trata de un tema que es visto mayormente como "un tema de mujeres".

Uso de anticoncepción hormonal de emergencia

En esta pregunta se indaga a quienes han tenido alguna vez relaciones sexuales si en su historia personal reconocen haberse encontrado en la situación de gran preocupación o temor ante un posible embarazo, si alguna vez han tenido "un susto".

Sobre un total de 1144 casos, la mitad reconoce haberse encontrado en dicha situación (48,8%) –con un pequeño porcentaje de NS/NC (Cuadro 6.1).

Al desagregar por sexo, son más las mujeres las que se encontraron en esa situación (52,9%), y en su mayor parte esto ha ocurrido sólo una vez (38,2% sobre el total de mujeres). A los varones, en cambio, si bien en comparación se han encontrado en menor medida en esta situación, en su mayor parte reconocen haberla vivido tres o más veces (38,7% sobre el total de respuestas de varones). Según edad, no hay grandes diferencias en el "sí o no"; hay diferencias en el "tres o más veces": allí el porcentaje de la franja de 39 a 50 años duplica al porcentaje de la franja 15 a 26 años (24,1% vs. 12,4%). Al desagregar por nivel de instrucción o socioeconómico, no se registran diferencias significativas [No se muestra en cuadros].

La mayoría de los "sustos" ocurrieron con una pareja estable (85,1%) (Cuadro 6.2). Esto ocurre en mayor medida en mujeres que en varones (91,3% y 78,2%, respectivamente), en personas más grandes (89,3% en la franja de 39 a 50 años), y de nivel socioeconómico bajo (87%) [No se muestra en cuadros].

Al indagar acerca de las personas con quienes se ha comentado esta situación, sobre 772 menciones (respuesta múltiple) el 42 por ciento lo hizo con la pareja, el 37,8 por ciento con amigos o amigas, el 24 por ciento con un familiar, y el 16 por ciento con el médico/ginecólogo. Alrededor del 12 por ciento no lo comentó con nadie (Cuadro 6.3). Para las mujeres, la primera opción sigue siendo la pareja (57%), mientras para los varones son amigos/as (48%), al igual que para los más jóvenes (42%). Las restantes franjas etarias optan mayoritariamente por la pareja (47,8% y 45%).

De las 569 personas que reconocen haber atravesado una situación de temor frente a un posible embarazo no buscado, respecto de las acciones realizadas (respuesta múltiple), el 37,5 por ciento no hizo nada, el 24,3 por ciento realizó un test de embarazo y esperó, y el 14,9 por ciento tuvo al hijo. El 3,7 por ciento abortó (21 personas), el 4,4 por ciento tomó la pastilla *Dosdías*, y 9,1 por ciento tomó AHE (52 personas) (Cuadro 6.4).

Las mujeres han optado en mayor medida por realizar un test de embarazo y esperar, o por no hacer nada y tener al hijo; en tanto que los varones aparecen con porcentajes más altos en las otras opciones. Como dato curioso, aparece que el porcentaje de varones que recurrió a la anticoncepción de emergencia es el doble que el de mujeres, 34 varones (12,5%) y 18 mujeres (6%). Para las demás opciones, surge que la franja de mayor edad ha optado en mayor medida por tener al hijo, y que los más jóvenes optaron en mayor proporción por realizar un test y esperar, o bien por acudir a la anticoncepción de emergencia. Según el nivel de instrucción, las personas que no hicieron nada se concentran mayormente en los dos niveles más bajos (44,3% y 38,1%, respectivamente), y las que recurrieron a la AHE se concentran en el nivel educativo superior (14,5%) [No se muestra en cuadros].

Los datos siguientes se refieren a quienes dijeron haber utilizado la anticoncepción de emergencia frente al temor de un posible embarazo, el cual corresponde al 9,1 por ciento de un total de 569 personas (34 varones y 18 mujeres), siendo muy pocos casos como para generar inferencias estadísticas.

Frente a la pregunta por el método de anticoncepción de emergencia utilizado, 24 personas reconocen haber utilizado "una píldora", y 9 "dos píldoras"; 11 personas no sabían o no contestaron. El resto menciona dos marcas, *Imediat* y *Segurite*.

La mayoría obtuvo el método en la farmacia (43 personas de las 52), y dos personas lo obtuvieron en efectores públicos (Cuadro 6.5). De quienes lo obtuvieron en farmacias, casi la mitad lo hizo en un plazo menor a dos horas (Cuadro 6.6). De las 52 personas que usaron AHE, 48 la han comprado (Cuadros 6.7 y 6.8).

Accesibilidad a métodos anticonceptivos

El objetivo de este estudio es conocer los obstáculos a la accesibilidad a la AHE. Para ello también es necesario volver a indagar sobre las dificultades de acceso a los MAC de uso regular. En esta sección se presentan datos sobre accesibilidad a dos métodos anticonceptivos: preservativos y pastillas anticonceptivas.

Al preguntar si en el caso de necesitar y/o querer conseguir preservativos, sabría dónde se pueden conseguir, sobre el total de la muestra (1219 casos), el 99,5 por ciento responde afirmativamente (Cuadro 7.1), sin presentar diferencias significativas por sexo, edad, nivel de instrucción o nivel socioeconómico [No se muestra en cuadros].

En relación al lugar en el que los conseguiría, aparece la farmacia como primera opción (77%), el kiosco (57,8%) como segunda, y el hospital, centro de salud o salita en tercer lugar (32%) (Cuadro 7.2).

Al preguntar si en el caso de necesitar y/o querer conseguir pastillas anticonceptivas sabría dónde se pueden conseguir, sobre el total de la muestra (1219 casos), el 97,6 por ciento responde afirmativamente (Cuadro 7.3). El porcentaje de conocimiento es más elevado en mujeres que en varones (99,3% y 95,9%, respectivamente), en las franjas de mayor edad, mayor grado de instrucción y nivel socioeconómico [No se muestra en cuadros].

En relación al lugar en el que las conseguiría, aparece la "farmacia" como primera opción con el 82,2 por ciento de las menciones y el "hospital, centro de salud o sala" con el 37,8 por ciento como segunda opción (Cuadro 7.4).

Sintetizando, se observa un alto grado de conocimiento respecto del modo de acceder a preservativos, siendo la farmacia y el kiosco los lugares más mencionados, con los efectores públicos en tercer lugar. Esto da cuenta de un modo de acceso a este método basado en su compra, y genera interrogantes respecto del acceso gratuito.

Al preguntar por las pastillas anticonceptivas, el grado de conocimiento respecto del modo de acceder a ellas es levemente inferior que en el caso de los preservativos, siendo mayor el grado de conocimiento en mujeres, personas de mayor edad, de más elevado nivel de instrucción y socioeconómico. Para este método las menciones se concentran en la farmacia y efectores públicos como lugares de acceso. Al igual que en el caso previo, se evidencia un modo de acceso basado en la compra.

Accesibilidad a la anticoncepción hormonal de emergencia

En este punto se describen las percepciones sobre la accesibilidad a la AHE, incluso entre quienes dijeron no saber (bien) qué es.

Al preguntar si en el caso de necesitar y/o querer conseguir anticoncepción de emergencia sabría dónde se puede conseguir, sobre el total de la muestra (1219 casos), el 65 por ciento responde afirmativamente, el 20,7 por ciento negativamente y el 14,4 por ciento no responde o no sabe (Cuadro 8.1). La proporción de conocimiento es más elevada en mujeres que en varones (68% y 61,9%, respectivamente) y en la franja de 20 a 29 años (69,4%), así como en el nivel superior de instrucción (80,8%) y el nivel socioeconómico alto (84,8%) (Cuadro 8.2).

En relación con el lugar en el que las conseguiría, aparece la farmacia como primera opción con el 84,8 por ciento y el hospital, centro de salud o sala con el 29,8 por ciento como segunda opción (Cuadro 8.3).

En mayor medida los hombres (89,6% vs. 80,6%) mencionan a la farmacia, mientras que las mujeres mencionan más el hospital, centro de salud o sala que los varones (27,6% vs. 21,9%). Sin grandes diferencias por edad, a mayor nivel de instrucción y socioeconómico se menciona aún más la farmacia (92,1% en nivel superior, 92,3% en estrato alto) y a menor nivel de instrucción y socioeconómico se menciona más el hospital o centro de salud [No se muestra en cuadros].

Comparando con los resultados obtenidos en el punto anterior, se observa que el grado de conocimiento respecto de la obtención de AHE, es considerablemente menor que en el caso de los preservativos y las pastillas anticonceptivas.

A su vez, se profundiza la polarización de las respuestas en cuanto al lugar de acceso, siendo la farmacia el lugar más mencionado, y disminuyendo claramente los efectores públicos como lugares de acceso a este método. Es decir, aún más que en el caso de los preservativos y las pastillas anticonceptivas, el acceso a AHE pasa por la farmacia. Esto señala los escasos márgenes de visibilidad que conserva el mecanismo de distribución gratuita del método, o la priorización del tiempo esperado para hacerse del método –presumiblemente más largo en cualquier servicio de salud que en una farmacia– o el horario de atención, que el costo económico. A su vez, manifiesta también que la AHE se da y se obtiene *ex post*.

Anticoncepción de emergencia y aborto

Respecto de si consideran que la anticoncepción de emergencia "es abortiva", el 39,5 por ciento de los encuestados (sobre el total de 1219) está de acuerdo, el 36,2 por ciento en desacuerdo y el 24,4 por ciento no responde o no sabe (Cuadro 9.1).

Los varones están en mayor proporción de acuerdo con que la AHE es abortiva (42,2%), en tanto que en las mujeres la proporción se invierte, superando el desacuerdo al acuerdo (40,6 y 36,7%, respectivamente).

Respecto de la edad, sólo en el grupo de 20 a 29 años es mayor el grado de desacuerdo que el de acuerdo (42,8% vs. 35,3%, respectivamente), en el resto de los grupos es siempre mayor el porcentaje que considera que la AHE es abortiva. Es importante el peso relativo de las personas que no saben o no contestan, que va desde el 22 al 30 por ciento en los distintos grupos (Cuadro 9.1).

Al analizar según nivel de instrucción alcanzado, el superior es el único en el cual el desacuerdo con que la AHE es abortiva supera el grado de acuerdo (50,1% y 38,2%, respectivamente), en tanto que en los demás niveles predomina el porcentaje de acuerdo (Cuadro 9.1).

Por último, teniendo en cuenta el nivel socioeconómico, el sector alto es el único en el cual es mayor el desacuerdo (47,8%), en tanto que en los otros dos predomina el acuerdo con que la anticoncepción de emergencia es abortiva (41% en el medio y 38,4% en el bajo) (Cuadro 9.1).

En síntesis, estos datos muestran una proporción importante (de más del 60%) de personas que o bien tienen una creencia equivocada respecto de los efectos de la anticoncepción de emergencia o no tienen una opinión formada. En todo caso, la relación que los entrevistados hacen entre el aborto (que en la Argentina es ilegal, salvo excepciones, y se practica en condiciones de clandestinidad) y la ACE, presenta un obstáculo adicional al uso y orienta acerca del tipo de información que debe priorizarse en la difusión de este método.

Opiniones generales sobre salud reproductiva, sexualidad y accesibilidad a la anticoncepción

Finalmente, se indagó sobre la opinión que tiene la población sobre distintos aspectos relativos a la salud reproductiva, la sexualidad y la accesibilidad a la anticoncepción, así como al estatus del aborto, con el fin de conocer el marco de inteligibilidad de las prácticas y actuales o posibles intervenciones en materia de salud reproductiva (para los datos desagregados remitirse a los Cuadros 10.1 al 10.5).

Al preguntar la opinión sobre "que las mujeres tengan la posibilidad de decidir libremente cuántos hijos tener y cuándo", el 94,9 por ciento de las personas está de acuerdo o muy de acuerdo con dicha afirmación, sin modificaciones sustanciales según sexo, edad, instrucción o estrato socioeconómico.

En cuanto a "que las mujeres y los varones tengan libertad para ejercer su orientación sexual, es decir, que tengan la libertad de relacionarse sexual o afectivamente con personas de distinto o del mismo sexo", la proporción de personas que están de acuerdo o muy de acuerdo con esta afirmación alcanza el 81,6 por ciento.

Respecto a "que el Estado garantice la disponibilidad y gratuidad de los métodos anticonceptivos en el sistema de salud", el grado de acuerdo/muy de acuerdo alcanza prácticamente a la totalidad de la muestra, en una proporción que llega al 96 por ciento. El acuerdo es mayor en mujeres (97,4%) y en personas con menor nivel de instrucción (97,2%), sin diferencias significativas por edad o nivel socioeconómico.

Por último, en relación a la afirmación "que el Estado garantice la disponibilidad y gratuidad de la anticoncepción de emergencia o píldora del día después en el sistema de salud", el 76 por ciento de las personas se encuentran de acuerdo o muy de acuerdo con esta afirmación y 11 por ciento en desacuerdo o muy en desacuerdo.

En síntesis, se observa un alto grado de acuerdo con que las mujeres decidan sobre su fecundidad; lo mismo ocurre con que el Estado garantice el acceso a métodos anticonceptivos de uso regular. El grado de acuerdo, aun claramente mayoritario, disminuye sin embargo frente a temas más recientes en la agenda, relacionados con la posibilidad de que las personas decidan libremente sobre su orientación sexual y con la accesibilidad a la AHE en el sistema de salud.

En las entrevistas cualitativas hechas para preparar el formulario de encuesta, surgió el tema del aborto como trasfondo de la comprensión y actitudes subjetivas, tanto de usuarios/as, como de profesionales y funcionarios, respecto de la AHE.

Si bien no es parte de los objetivos directos del estudio, indagar sobre las opiniones acerca de la interrupción del embarazo es fundamental para entender el contexto de la AHE. Prosiguiendo la serie de estudios que se han hecho sobre el tema en nuestro país (Petracci, 2007a y 2007b), se planteó una batería de preguntas sobre aborto.

En primer lugar, se formuló la siguiente consigna:

Ahora voy a leer algunas situaciones frente a las cuales una mujer puede querer interrumpir el embarazo. Para cada una de ellas, indícanos por favor si estás muy de acuerdo, de acuerdo, en desacuerdo o muy en desacuerdo con que la mujer pueda acceder a la interrupción del embarazo en el sistema de salud. Por ejemplo, "Si una mujer quedó embarazada debido a una violación", dirías que estás... Muy de acuerdo, De acuerdo, Ni de acuerdo ni desacuerdo, En desacuerdo, Muy en desacuerdo.

Los resultados (Cuadros 10.6 a 10.10) muestran una actitud variable según la situación que se trate. Para esta exposición, con "acuerdo", se suman los porcentajes de "muy de acuerdo" y "de acuerdo", y como "desacuerdo" reuniendo los porcentajes de "muy en desacuerdo" y "en desacuerdo".

Para la situación "si una mujer quedó embarazada debido a una violación", 79 por ciento está de acuerdo con que pueda acceder a la interrupción de ese embarazo en el sistema de salud, contra un 12,5 por ciento que está en desacuerdo.

El porcentaje de acuerdo asciende a 86,3 por ciento "si una mujer demente o discapacitada mental quedó embarazada debido a una violación", disminuyendo el desacuerdo a 7,7 por ciento. Esta es una de las situaciones de aborto no punible tipificadas en el Código Penal.

"Si una menor de 15 años quedó embarazada debido a una violación" acuerda con el acceso legal al aborto 80,6 por ciento de los encuestados, contra un 11,2 por ciento.

"Si el feto tiene una malformación incompatible con la vida extrauterina" es una situación frente a la cual el acuerdo es de un 68,7 por ciento, y el desacuerdo un 18,1 por ciento.

"Si la vida de una mujer corre peligro debido al embarazo o el parto", un 68,5 por ciento está de acuerdo y un 13,9 por ciento no lo está. Esta es otra de las situaciones de aborto no punible tipificadas en el Código Penal, al igual que "Si la salud física de una mujer corre peligro debido al embarazo o el parto", donde un 61,9 por ciento está de acuerdo y un 17,9 por ciento, no.

"Si la salud mental de una mujer es afectada por el embarazo o el parto", 52,7 por ciento acuerda y 25,7 por ciento, no. Esta situación está tipificada como no punible en el Código Penal, dependiendo de la definición que se entienda por "salud".

"Si la mujer y su familia carecen de recursos económicos para criar a un hijo/a", es una situación en la que las proporciones se invierten: 66 por ciento desacuerda y 21,2 por ciento acuerda. Lo mismo sucede "Si la mujer quedó embarazada porque falló el método anticonceptivo", donde 69,2 por ciento desacuerda y 17,8 por ciento estaría de acuerdo. En este punto, desde una perspectiva de salud pública, podría insistirse en el adecuado uso de MAC, incluyendo la AHE en caso de necesidad, como modo de prevenir justamente los abortos en este tipo de situaciones.

Finalmente, la situación referida a "si la mujer no quiere tener un hijo/a en ese momento de su vida", reúne un grado de acuerdo del 18,9 por ciento y uno de desacuerdo del 68,7 por ciento.

Estas situaciones se refieren a casos hipotéticos en los que una mujer podría requerir el acceso a la interrupción del embarazo en el sistema de salud, es decir a lo que se llama "aborto legal" y su accesibilidad.

Las preguntas que siguen se refieren a las opiniones acerca de lo que "debería decir la Ley frente a una mujer que abortó, en distintas circunstancias: por ejemplo, 'si abortó, para evitar un peligro para su vida o su salud, la mujer debería ir presa / la mujer no debería ir presa'". Es decir, estas opiniones se refieren al debate "penalización-despenalización" (para los datos desagregados, remitirse a los Cuadros 10.11 a 10.15).

Si la mujer abortó:

"Para evitar un peligro para su vida o su salud", 86,7 por ciento de los encuestados considera que la mujer no debería ir presa, mientras un 8 por ciento cree que sí.

"Porque el embarazo es fruto de una violación", 90,7 por ciento de los encuestados considera que la mujer no debería ir presa, mientras un 4,9 por ciento cree que sí.

"Por razones sociales o económicas", 60,2 por ciento de los encuestados considera que la mujer no debería ir presa, mientras que 30,7 por ciento sí considera esa punición. No sabe o no contestó el 9,1 por ciento de la muestra.

"Por razones sentimentales o personales", 51,8 por ciento considera que la mujer no debería ir presa, mientras que 39,8 por ciento considera que sí, porcentajes similares a "Porque no quería un hijo en ese momento de su vida", donde 51,5 por ciento cree que la mujer no debería ir presa, mientras que 39,9 por ciento sí considera esa punición.

Cabe aclarar que se trata de opiniones acerca de lo que "debería decir la ley", sin entrar a evaluar el grado y fuerza de la aplicación de dicha ley; hay quienes consideran que la ley debe enviar un mensaje a la sociedad sobre lo que es moralmente "correcto", aun cuando su aplicabilidad sea difícil o incluso nula. Así, algunos de los que sostienen la punibilidad del aborto, defienden esta postura independientemente de que la punición nunca se haga efectiva en la realidad (Petracci y Pecheny, 2007).

Las razones externas a las mujeres concentran amplios consensos por la despenalización del aborto, y son las razones tipificadas en el Código Penal, que aún no son accesibles –salvo contadas excepciones– en el marco del sistema de salud: en caso de violación y de riesgo para la salud o la vida de la mujer, nueve de cada diez están de acuerdo. Frente a las razones externas pero menos directas, como las sociales o económicas, siguen siendo mayoritarios los que piensan que la mujer no debería ir presa, pero en menor medida que en los casos anteriores: respecto de las razones sentimentales y personales, cinco de cada diez acuerdan pero cuatro de cada diez desacuerdan con la no penalización de la mujer.

Resumiendo: La posibilidad de acceder legalmente a una interrupción voluntaria del embarazo en el sistema de salud es reconocida ampliamente por la mayoría de la población encuestada, en casos de violación y de peligro para la vida o salud de la mujer. Los porcentajes de apoyo aquí bajan según razones consideradas menos válidas, e incluso el desacuerdo prima sobre el acuerdo para razones consideradas aparentemente no válidas como la falla anticonceptiva o la voluntad de la mujer de no tener hijos en ese momento. A diferencia de la legalización, la despenalización concita acuerdo según todas las situaciones evocadas y prácticamente para todas las categorías en que se desagregan las variables sociodemográficas: para la población encuestada, según la ley una mujer no debería ir presa si se hace un aborto (para más detalles y análisis, ver Andía, Brown y Pecheny, 2010).

Los datos cuantitativos son elocuentes de las principales características relativas al acceso y uso de AHE en la Argentina. El componente cualitativo, del que se presentan algunos hallazgos principales, brinda matices que complementan el panorama presentado y vuelven más inteligibles las grandes pinceladas que se obtuvieron mediante el instrumento de la encuesta.

5.2 Componente cualitativo

Esta parte se basa en las entrevistas a mujeres y varones en edad reproductiva, así como a profesionales de la salud, en tres áreas geográficas de nuestro país: las áreas metropolitanas de Buenos Aires, Mendoza y San Juan.

En la investigación se hace necesaria la definición de una perspectiva teórico-metodológica adecuada para el abordaje de los materiales cualitativos en relación con las barreras a la AHE. Esta perspectiva encuentra en la interrogación de las nociones de barrera y de emergencia el eje articulador del proceso de documentación y de análisis de los resultados.

Por un lado, además de las dimensiones tradicionales (geográficas, económicas, sociales, información), la noción de barreras de acceso incluye en su contenido las dimensiones simbólicas, ideológicas y representacionales, que no siempre se consideran en el diseño de políticas públicas.

Por otro lado, la noción de emergencia debe evitar la asunción del riesgo de embarazo a posteriori del acto sexual como significado único e inequívoco que en la vida cotidiana refiere a este método anticonceptivo. El uso adecuado de la anticoncepción de emergencia, entonces, implica la medicalización de un área de la sexualidad, a través de la asunción de discursos expertos que normalizan y disciplinan los saberes y las prácticas sociales respecto de las acciones a desarrollar frente a la "emergencia".

Esta perspectiva articula tres dominios conceptuales: los saberes expertos y la medicalización; las tradiciones, saberes y prácticas sociales; y los derechos y autonomía. Los vínculos, tensiones, concordancias y conflictos entre estos dominios producen la diversidad de realidades, experiencias y prácticas sobre la anticoncepción, las emergencias y las condiciones para que los sujetos actúen, decidan y digan sobre esta temática.

Las tensiones entre estos procesos se manifiestan en las descripciones, narrativas y terminología con que los actores sociales hablan acerca de sus propias experiencias. Atraso, protección, cuidar y cuidarse, enfermar, contar días, tests, farmacias, ginecólogos, yuyos, abortos, pastillas en la vagina, miedo, esperar la menstruación, compromiso, compartir, pérdidas, acompañar, aceptar, culpa, engaño, control, paranoia, responsabilidad, vida, hijo/a, embarazo, desesperación: son algunos de los términos que en diferentes combinaciones son utilizados para expresar las múltiples dimensiones que involucran la posibilidad de un embarazo.

Trayectorias socio-afectivas de la primera relación sexual

La trayectoria socio-afectiva refiere al proceso de reconstrucción narrativa de las experiencias y relaciones eróticas, afectivas y sexuales de las mujeres y varones entrevistados, todos heterosexuales: las experiencias vividas con distintas parejas, sus definiciones y percepciones de las mismas, su inscripción en una trama temporal, la inserción de los hijos en estas tramas y las vinculaciones con las estrategias laborales, educativas y familiares (Bajos y Ferrand, 2002).

Esquemáticamente, en las trayectorias de sectores medios y medio-altos, se encuentra un patrón temporal lineal y progresivo. Las trayectorias se inician con parejas ocasionales, salidas más o menos regulares con poco grado de compromiso y estabilidad. Le sigue el "noviazgo", dentro del cual se produce o tiene lugar "la primera relación sexual". El noviazgo es una relación socio-afectiva que presupone conocimiento y compromiso entre las personas involucradas y por lo tanto esa primera relación sexual se da en un marco de relativa confianza y compromiso con el otro o la otra. El siguiente escalón es la "pareja estable" que da lugar a la convivencia o matrimonio y es dentro de esta última forma de arreglo socio-sexual-afectivo, donde se inserta la posibilidad de tener hijos/hijas. Los hijos/hijas aparecen de un modo relativamente planificado y se buscan en "el momento adecuado". Es decir, cuando se han llevado a cabo algunas etapas como la finalización de los estudios, el encauzamiento profesional, cierta estabilidad laboral, la convivencia en una pareja consolidada, etc.

También de manera esquemática y generalizadora, en el caso de los sectores bajos, las trayectorias se caracterizan por la discontinuidad. La saga puede iniciarse por cualquier punto. Suele ocurrir que en el inicio estén los hijos/hijas, seguido por un matrimonio o convivencia. Posteriormente puede ocurrir una separación seguida de un noviazgo o una nueva convivencia. En estos sectores es frecuente la existencia de hijos/hijas a edades tempranas, múltiples parejas importantes a lo largo de la vida, numerosos hijos/hijas producto de distintas parejas sexuales. En estas sucesivas modificaciones muchos varones "se borran" y son las mujeres quienes se hacen cargo del cuidado de los hijos. No son infrecuentes situaciones de abuso (fenómeno no exclusivo de ningún sector social) y explotación/trabajo sexual asociadas a la trayectoria socio-sexual-afectiva. En función de los imprevistos se van ajustando las estrategias familiares y laborales así como los propios proyectos personales, laborales y vitales.

La primera relación sexual

Uno de los hechos claves en la trayectoria socio-sexual-afectiva de las personas es la concreción de la primera relación sexual. Anticipada por un nivel creciente de contacto corporal-afectivo tiene como desenlace, en este caso, la penetración coital vaginal.

Pueden reconstruirse tres modelos diferentes de organización temporal de la primera relación sexual, que difieren según el grado de anticipación y previsión de la situación como el nivel de diálogo entre los miembros de la pareja. La posibilidad de cuidarse se inserta en estas tres temporalidades.

"No se había hablado, pero se entendía"
Esta modalidad responde a la sucesión de avances progresivos que funcionan como una suerte de primera relación anunciada, según describen los varones y mujeres entrevistados. La primera relación sexual no se circunscribe a la escena concreta de la penetración coital vaginal, sino que es un proceso. Esta concreción en etapas graduales se traduce en la dificultad de reconocer el "momento puntual" de concreción del evento.

El anuncio, la gradualidad, la repetición de los hechos reemplazan a las palabras. Se sabe pero no es algo sobre lo que se hable: como si las palabras pudieran quebrar la magia del esperado encuentro que se vislumbra pero no se nombra. Tampoco se explicitan los riesgos percibidos y los posibles recaudos.

"Un manoseo que siguió de largo"
Esta segunda modalidad puede insertarse o no en el marco anterior, pero se desencadena de un modo más inesperado o sorpresivo. La duración de los encuentros graduales y progresivos se reduce a, prácticamente, un único encuentro en el que se pasa de los besos y caricias a la penetración, otra vez sin palabras: "Fue un manoseo que siguió de largo"; "Se dio, fue totalmente sorpresivo".

"Totalmente planificado"
La planificación fue mencionada en sólo dos casos. Requiere el uso de la palabra, la explicitación de los deseos y los temores. Significa ponerse de acuerdo, fijar fechas, establecer situaciones, lugares y eventuales cuidados. La planificación rompe con la mística del encuentro, se la

señala como a contracorriente de los preceptos del amor romántico: espontáneo versus racionalmente planificado, sin interferencias "técnicas", ligado a la autenticidad de los sentimientos y no reductible a las urgencias físicas.

Entre el deseo, el placer y el cuidado: el tiempo

En los tres patrones, es variable el tiempo que transcurre entre que se conocen los miembros de la pareja y la primera relación sexual. Tienen en común que la primera relación sexual es algo que se impone y es del orden de lo "natural": "el tiempo nos fue llevando"; "Iba a ser mes después o mes antes, pero sabía que en algún momento iba a pasar". El carácter imperativo del acontecimiento deviene de su misma fuente natural.

Cuando narran los motivos y circunstancias que llevaron a la primera relación sexual, no se habla de concreción del amor, de decisión, de las ganas de tener sexo o la búsqueda del placer. La argumentación es que "pasó lo que tenía que pasar". Lo implícito sobrevuela la escena para que ésta no pierda su encanto (piénsese en la connotación de la expresión "sexo explícito").

En esta reconstrucción de la primera relación sexual en términos "naturales", "espontáneos", a veces se afirma al mismo tiempo que fue tan espontáneo que no hubo disfrute ni placer. La queja se invierte y el lamento es el hecho de no haber hablado en su momento, del marco de "ignorancia" en que tuvieron su primera vez –o sus primeras veces– (en otra investigación cualitativa sobre experiencias de aborto en mujeres y varones del AMBA, se encontró que para diferentes generaciones, la mayoría de los abortos se produjo en las primeras etapas de la vida sexual, afectiva y "anticonceptiva" de los individuos; ver Petracci *et al.* 2008).

La protección en la primera relación sexual

La decisión de protegerse en la primera relación sexual está asociada tanto con la percepción del riesgo como con la naturalidad y romanticismo que adquiere el evento. Los sectores altos suelen narrar una mayor percepción de riesgo de embarazo y en menor medida de ITS, aunque no va asociada linealmente con la práctica de alguna forma de protección. La espontaneidad y la naturalidad de la primera relación sexual, valoradas positivamente, constituyen obstáculos para la protección.

En los sectores bajos persiste a veces la idea de que la primera relación no es riesgosa o de que el riesgo, por alguna razón, es menor: "la primera vez, no quedás embarazada". Cuando no hay prácticas de cuidado, tanto por falta de conciencia de riesgo como por la misma espontaneidad del acto, no hay una toma de decisión consciente de cuidarse o no hacerlo: simplemente no hubo decisión.

Formas de cuidado

En los casos en que sí hay prácticas de cuidado, se registran dos modalidades: el preservativo y la práctica del retiro o "acabar afuera". Ambas se ajustan a la temporalidad y la espontaneidad de la primera relación sexual. A diferencia de otros métodos, respecto del preservativo parece no ser necesario hablar, dándose por sobreentendido. Tomar pastillas, colocarse un DIU o algún otro método implica anticipación, planificación y la puesta en evidencia de las ganas y la previsibilidad.

Las diferencias sexo-genéricas quedan en evidencia en las prácticas de cuidado que pueden asumir varones y mujeres en la primera vez. Al igual que el coito interrumpido o eyacular afuera, el preservativo es responsabilidad del varón, sobre todo en la primera vez, situación en que la mujer no se hace cargo del cuidado porque sería genéricamente incorrecto "demostrar interés". Más tarde, el uso de pastillas y su provisión sí serán su responsabilidad.

Métodos anticonceptivos y trayectorias

Coincidiendo con los hallazgos de la encuesta, los varones y las mujeres entrevistados coinciden en elegir el preservativo, las pastillas y el DIU, lo cual no implica uso consistente ni regular. La seguridad, la comodidad y la libertad son los argumentos esgrimidos. Sin embargo, en la elección del método, hay diferencias según género y también inciden las trayectorias socio-afectivas.

Diferencias de género en el uso de métodos anticonceptivos

Es el cuerpo implicado o intervenido con la práctica anticonceptiva el que determina de modo tácito quién se está cuidando. Así, el preservativo es un método masculino, y los restantes métodos, al operar sobre el cuerpo de las mujeres, son femeninos.

La importancia del cuerpo también se pone de manifiesto en el embarazo, pues éste es percibido como un asunto o problema –en caso de no ser deseado– de la mujer: es ella quien se embaraza, aborta o tiene los hijos.

En la división sexual de las prácticas de cuidado, cada quien se hace cargo de los métodos que le competen. En esto prácticamente no influyen las diferencias educativas, socioeconómicas, geográficas o laborales. La diferencia socio-sexual sobre métodos y responsabilidades según género sobre-determina estas prácticas.

Por otro lado, mujeres y varones acuerdan normativamente que la elección del método anticonceptivo debería ser una decisión compartida, producto del diálogo. Sin embargo, hay una distancia entre lo que se afirma como ideal y las vivencias narradas. Esta brecha es más amplia y evidencia mayor desigualdad de género entre las personas de nivel socioeconómico medio-bajo, y lo registran con mayor claridad las mujeres.

En sectores medio-bajos, es frecuente que las mujeres inicialmente deleguen en el varón las prácticas de cuidado anticonceptivo, o bien, que no sea el riesgo de embarazo ni de transmisión de ITS un tema de preocupación para ellas. Esto se modifica luego de las "malas experiencias" que les toca atravesar: embarazos no buscados, múltiples hijos, experiencias de aborto, abandono de la pareja, entre otros. Los inyectables, el DIU y, en menor medida, las pastillas, pasan a ser "sus" métodos.

Por el contrario, en sectores medio-altos, la percepción del riesgo de embarazo o de transmisión de ITS es mayor, y la delegación del autocuidado en el otro es menor desde un comienzo. Hasta que no se construya un vínculo de confianza y una práctica de cuidado compartida y consensuada, cada uno intenta asegurarse de evitar las consecuencias no deseadas de la relación sexual. Por ello, cada uno implementa –independientemente del otro– sus propias prácticas de protección: el cuidado femenino a través de las pastillas y los varones el uso del preservativo.

Trayectorias socio-afectivas y elección del método

El tipo de relación establecida, es decir si se trata de parejas estables u ocasionales, influye en la elección del método de protección: preservativo para parejas ocasionales; y pastillas o DIU para las duraderas. Sin embargo, también los cambios en los métodos van acompañando los momentos de las trayectorias socio-afectivas.

El carácter lineal y gradual que caracteriza las trayectorias socio-afectivas de sectores medio-altos, encuentra su expresión en los cambios de métodos utilizados. La línea de creciente confianza y estabilidad en la pareja, va del preservativo –asociado a las primeras veces y las relaciones ocasionales– hacia el uso de la pastilla como expresión anticonceptiva de la pareja estable.

El uso de las pastillas, el DIU o algún otro método "femenino", se inserta típicamente en las parejas de mayor duración y estabilidad. Pues si bien al preservativo se le reconocen virtudes, como que es fácil de usar y barato, luego de determinado tiempo comienza a resultar "incómodo". A medida que aumenta la confianza o el amor, el uso sistemático se torna más complicado (por necesidad de sentir el placer, contacto corporal), o se prefiere un método más regular.

En estos casos, es frecuente que se elija cambiar de método a través de un acuerdo de pareja. Sin embargo, en la elección de cuál método regular utilizar, la opinión de la mujer es la que cuenta, "porque es su cuerpo" el que se expone al cuidado.

Para las mujeres, la selección del método regular a utilizar depende no sólo de la comodidad y la eficacia médica, sino de las experiencias personales y las valoraciones diferenciales de los métodos por niveles socioeconómicos y educativos. Las pastillas son las más elegidas en los sectores medio-altos, en detrimento del uso del DIU y los inyectables; en sectores bajos, la valoración es inversa. A esta división por nivel socioeconómico se le suman los prejuicios y mitos involucrados alrededor de cada uno de los métodos.

Si bien puede haber discontinuidad o irregularidad en el uso de la protección (más comunes en los sectores bajos), no suele haber muchos cambios de no mediar una falla anticonceptiva o algún efecto secundario.

Cuando sí se registran modificaciones en el uso del método, éstas se corresponden a su vez con un cambio del foco de temor: de contraer una ITS, se pasa a un embarazo no buscado, especialmente entre los sectores medio-altos, para quienes los riesgos están más presentes. El temor al VIH/sida y a otras enfermedades disminuye a medida que la relación se prolonga y la confianza aumenta. Sin embargo, según los testimonios, la práctica del test conjunto del VIH/sida como condición previa para abandonar el preservativo y usar algún otro método (o ninguno), no está extendida.

Asimismo, un embarazo no buscado es menos "dramático" en una relación estable. La confianza que deriva de conocer a alguien por cierto tiempo, el sentimiento de que la relación tiene continuidad y, para las mujeres, que el varón no va a desaparecer en caso de embarazo, o que va a acompañarla en caso de interrupción del mismo, hace que se diluyan temores asociados a un embarazo no buscado.

Por otro lado, en sectores medio-bajos, la discontinuidad en el recorrido de las trayectorias también caracteriza los tipos de métodos utilizados. Malas experiencias y los distintos tipos de pareja originan cambios reiterados en la forma de cuidarse.

En estos sectores, los prejuicios y diferencias sexo-genéricas encuentran otra expresión. A medida que las trayectorias afectivas son más largas, y mayor el número de hijos, crece el temor a un nuevo embarazo. El temor a una ITS no es mencionado como preocupación, así como tampoco la práctica del testeo espontáneo por VIH/sida. El riesgo se percibe más tardíamente y, en general, frente a la concreción de embarazos.

Entonces, los principales motivos de uso de métodos en las mujeres de sectores medio-bajos están asociados a una o más experiencias personales de embarazos no planificados, las dificultades económicas y/o la situación de la pareja para hacerse cargo de una (nueva) criatura en determinado momento de sus vidas.

Siendo el embarazo un "problema de la mujer", son las mujeres quienes comienzan a implementar "sus" prácticas de cuidado. En este contexto, el inyectable es caracterizado por las mujeres como el método que les da más independencia, razón por la que también es valorado el DIU. Por el contrario, las pastillas requieren de una rutina diaria en el hogar, más visible, que además implica adquirir el hábito de la toma.

El rechazo o motivo de no uso de algún método anticonceptivo está signado por una mala experiencia personal (no funcionó el cálculo de los días, se rompió el preservativo), la "dejadez" y el "olvido" de la toma diaria de pastillas, o por los prejuicios sobre que éstas "engordan", las alteraciones que provocan en el ciclo, entre otros. En algunos casos se fundamenta el rechazo en la baja eficacia, por ejemplo, de los métodos de abstinencia periódica –que algunos entrevistados no consideran siquiera un método anticonceptivo–.

La información anticonceptiva

Las personas entrevistadas señalan, como la epidemiología básica, que es crucial la información disponible, que no se usa lo que no se conoce y que si se conociera, se usaría. Sin embargo, a partir de las propias narraciones y descripciones, la información aparece como uno más de los factores de accesibilidad, pero no el único ni el determinante. Quizá por eso no sea extraño que casi todos/as las entrevistadas hayan recurrido alguna vez al coito interrumpido.

En las entrevistas refieren múltiples situaciones en que, pese a contar con información y no tener dificultades para acceder a anticonceptivos, las conductas de cuidado son irregulares o no existen. Esto coincide con lo encontrado en investigaciones sobre las disociaciones entre información, percepciones de riesgo, actitudes y prácticas, por ejemplo para prevenir la transmisión del VIH/sida (Manzelli y Pecheny, 2003).

También en este componente cualitativo surge que existe mayor información sobre métodos anticonceptivos en el nivel socioeconómico medio-alto que en el medio-bajo. Lo habitual es que provenga de médicos o de amigas y amigos, y en menor medida, de familiares, escuela o universidad, medios de comunicación, o de la farmacia. Para los varones, es habitual informarse "en la calle". En varones de nivel medio-bajo, frecuentemente son sus parejas las que buscan información en los efectores públicos de salud, ratificando en la práctica que la anticoncepción es un asunto femenino.

Acceso a los métodos

En consonancia con los resultados cuantitativos, la farmacia y el kiosco (para el preservativo) son los lugares de obtención de los métodos en sectores medios y medio-altos; en sectores medio-bajos, se menciona, además, el hospital o centro de salud. También "se consiguen" a través de conocidos vinculados al sector salud. Esto forma parte de un "darse maña" propio de los sectores populares como estrategia de acceso al sistema de salud (Pecheny, Manzelli, Jones, 2007).

Personas entrevistadas de estrato bajo mencionaron dificultades para acceder a su método anticonceptivo en efectores estatales, y mujeres adultas refirieron barreras económicas en épocas previas a la implementación de programas estatales de salud reproductiva en su localidad.

Por otro lado, solicitar preservativos en el centro de salud es en ocasiones calificado de vergonzoso. Se prefiere comprarlos por la falta de privacidad en la entrega.

En sectores medio-bajos, el uso de métodos también se ve influenciado por la accesibilidad al hospital o centro de salud, y las capacidades económicas.

Algunas mujeres comentan con naturalidad la falta de métodos anticonceptivos en el centro de salud u hospital, o las demoras prolongadas para conseguir turno. Refieren dificultades e intentos frustrados de acceder al DIU y la exigencia de numerosos exámenes complementarios, que desembocan en el abandono "por cansancio". Estos casos remiten a la reflexión sobre los costos sociales –y no sólo sanitarios– de las omisiones del sistema de salud, con vulneración de derechos.

Influencia de factores socioeconómicos en las formas de cuidarse

En las entrevistas se preguntó la relación que, a juicio de los entrevistados, existe entre sus prácticas de cuidado anticonceptivo y su situación socioeconómica. El común denominador de las respuestas fue la no asociación directa entre estas variables. Los múltiples procesos sociales, culturales y subjetivos que median ambos factores, pueden explicar el no percibir una asociación directa.

Así, el lugar de residencia no fue identificado como un factor relevante a la hora de cuidarse o no, a excepción de algunos y algunas residentes sanjuaninos y, en menor medida, mendocinos, para quienes el conservadurismo del lugar, en contraposición con la mayor apertura adjudicada a las áreas metropolitanas, ha impactado tanto en el ejercicio de su sexualidad como en la posibilidad de acceder a los métodos.

La mayoría no reconoce influencias de los estudios o la educación formal recibida, en su vida sexual o en la información de que disponen sobre anticoncepción. Esto independientemente del lugar de residencia, estudios alcanzados, edad o género. Aun así, algunos refieren una probable influencia indirecta en su vida sexual a partir de los beneficios que crean los estudios y la sociabilidad asociada a ellos.

Sólo unos pocos testimonios refieren que hechos vinculados con la vida sexual, reproductiva o anticonceptiva han producido interrupciones en los estudios.

De los posibles factores que podrían influir en la vida sexual y reproductiva, el más mencionado es la situación y/o dependencia económica, que condicionó el acceso a métodos o a lugares seguros o tranquilos para tener relaciones sexuales. En algunos casos, la propia crianza o práctica religiosa fue considerada un factor influyente, tanto en la educación como en las actividades sexuales, ya sea positiva o negativamente.

Sobre emergencias: experiencias, prácticas y saberes

Para identificar las principales barreras de acceso se hace prioritario determinar cuáles son las características y dimensiones de las experiencias que las personas viven, entienden y simbolizan como una "emergencia", y cuáles son los procesos sociales, políticos y económicos que intervienen en esta definición.

La noción de emergencia no es unívoca ni se refiere a un solo tipo de experiencia. Es más bien una noción plural, que se corresponde con un mapa de variaciones de acuerdo a nivel socioeconómico, género, momento de la vida, capital educativo, lugares de residencia, entre los principales. Esta complejidad de la noción de emergencia se traduce en la multiplicidad de experiencias, prácticas y saberes que intervienen en su definición: tradiciones locales, prácticas sociales respecto del embarazo y la maternidad, trayectoria de experiencias subjetivas y de otros cercanos, saberes legos, discursos e intervenciones expertas, prospectos e indicaciones farmacéuticas, discursos religiosos, políticas y programas de salud pública.

El reconocimiento de determinada experiencia y/o situación como una emergencia respecto del riesgo de embarazo puede entenderse como una solución de compromiso entre fronteras, indicadores y prácticas que en el desarrollo temporal de la secuencia vivida pone en relación la anticoncepción, el acto sexual, el embarazo y el aborto. Estas fronteras, indicadores y prácticas, a su vez, se relacionan con los saberes y discursos (tradicionales, legos, expertos, farmacéuticos) que vinculan modelos acerca del funcionamiento biológico, corporal, emocional y relacional acerca de la anticoncepción-concepción, y las prácticas sexuales que se llevan a cabo.

Las características de las experiencias, las acciones y respuestas frente a un eventual embarazo no sólo dependen del tipo de relación (pareja estable, relación ocasional, relación abusiva, trabajo sexual) en la que se hallan inmersas las personas, sino de los modos en que estos tipos de relación trazan las condiciones de posibilidad de las acciones, decisiones y reconocimiento de derechos, no sólo sobre el cuerpo propio y del otro, sino sobre la autonomía subjetiva en general. A su vez, estas dimensiones se despliegan de acuerdo no sólo a los niveles socioeconómicos, urbano-semiurbano, provincias-capital, sino al desarrollo de políticas de salud pública y programas de salud reproductiva que provean información, consejería, atención especializada y métodos.

Estas dimensiones, que caracterizan las experiencias de "emergencia" en su diversidad, fueron organizadas en un sistema de categorías que permitieron codificar la documentación y guiar el análisis de los resultados de tipo cualitativo. La organización de los resultados respeta, entonces, dicho sistema de categorías.

Diversidad de experiencias de "emergencia"

En el desarrollo de la secuencia vital de varones y mujeres en edad reproductiva, muy diversas experiencias vinculan el acto sexual, ya sea incluyendo uso o no de métodos anticonceptivos, con la posibilidad y/o la confirmación del embarazo. En la amplia diversidad de experiencias documentadas es posible reconocer patrones y especificidades que hacen de la emergencia una noción plural.

I. La falta de menstruación= el
embarazo. La espera sin esperar

Dentro de este primer patrón se incluye el grupo de experiencias que narran la posibilidad del embarazo, o más específicamente, el embarazo, a través de la falta de menstruación de uno o más meses. El embarazo surge en las narraciones, de estructura retrospectiva, como un evento-realidad que de forma irreversible irrumpe en la trayectoria vital. La particularidad de estas experiencias consiste en que la dimensión del querer estar embarazada o poder sostener un hijo, sólo surge de modo retrospectivo, pero no dentro del universo de sentimientos, acciones y decisiones que definen su ocurrencia. Con la realidad del embarazo se ponen de manifiesto las tensiones y definiciones respecto del tipo de relación de pareja, así como de las condiciones sociales y económicas presentes y futuras.

Expresiones como "hacerse cargo", "abandono", "responsabilidad", "fidelidad", "continuar", caracterizan la actitud de los varones frente al embarazo. Aun cuando el aborto aparece en el discurso, surge a posteriori, mientras que la experiencia del embarazo se presenta inicialmente como irreversible.

Este patrón tiene una dispersión particular respecto tanto de la edad como del estrato socioeconómico. Estas experiencias son más frecuentes en las primeras relaciones sexuales en clases bajas, generalmente, en mujeres jóvenes, en las localidades cercanas a grandes centros urbanos.

Finalmente, la experiencia de la emergencia se diluye frente a las acciones destinadas a promover las condiciones (vinculares, económicas) para el embarazo y futuro/a hijo/a.

II. El atraso: la espera, acciones y decisiones

A diferencia del anterior, el segundo patrón se estructura en torno a la noción del atraso. Agrupando una multiplicidad de experiencias, el atraso se define como un intervalo temporal que tiene como indicador la falta de la menstruación en los días previstos, y desencadena entonces una diversidad de emociones, acciones y decisiones. La diferencia entre el primer y segundo patrón consiste en que en el segundo patrón la falta de menstruación es experimentada como un problema que admite un marco restringido de tiempo para llevar a cabo acciones y/o decisiones. Frente a esta experiencia, los conjuntos de acciones-decisiones-emociones se pueden agrupar en las siguientes categorías:

II (a). Atraso y espera

En primer lugar, frente al atraso, en algunos casos la mujer y/o la pareja deciden esperar como forma de confirmación en el tiempo de la falta de menstruación y del embarazo. El embarazo es vivido también como un proceso frente al cual sólo se puede actuar pasivamente a través de la confirmación o no de su existencia.

Esto guarda semejanzas en el dominio de las acciones y decisiones con el primer patrón, apareciendo expresiones como "hacerse cargo", "responsable", "continuar". Si el embarazo no es confirmado, la experiencia se diluye y se convierte en un "susto".

II (b). Relación sexual no protegida, atraso, confirmación o no del embarazo

A diferencia del anterior, aquí se incluyen experiencias del atraso como un suceso dentro de una secuencia que parte del reconocimiento de haber llevado a cabo una relación sexual no protegida. Este atraso está cargado de emociones (dudas, temores, angustia, miedo, así como fantasías o ilusiones ambivalentes) y desencadena acciones para confirmar el embarazo (test, análisis).

II (c). Relación sexual no protegida, atraso, confirmación e intervención abortiva

En estos casos, a los vínculos entre la relación sexual no protegida, el atraso, la confirmación mediante test y análisis, se le agrega la realización de "cogitaciones" (Petracci *et al.*, 2008) e intervenciones para la interrupción del embarazo. Estas intervenciones van desde prácticas tradicionales, pasando por el uso del *Oxaprost* (aborto medicamentoso), hasta el aborto instrumental.

Dentro de este patrón, que se estructura a partir de la noción-indicador del atraso menstrual, se incluye una amplia variedad de experiencias. Si bien en algunos casos no reconocen el vínculo directo entre relación sexual no protegida y el atraso de la menstruación, la mayoría se centra en la descripción de los modos de confirmación, los sentimientos y emociones encontrados, y las acciones y decisiones.

Debido a que el indicador temporal es el retraso de la menstruación, la búsqueda de la confirmación es un proceso activo por determinar fehacientemente la existencia o no del embarazo. Además de la confirmación o no del embarazo, la temporalidad implicada en el atraso deja como margen de acción-decisión los plazos para su interrupción o no. La emergencia viene a traducirse en la urgencia de la confirmación o no del embarazo y, por lo tanto, de los pasos necesarios para su continuación o interrupción.

Este patrón supone un conjunto vasto de emociones y estrategias emocionales, miedos, ansiedades, angustia, silencio, secretos, abandono, desamparo, soledad, compañía, imposición de decisiones, intervenciones no deseadas, y a menudo falta de soporte e intervención adecuada.

III. Emergencia vinculada con las circunstancias y características del acto sexual

Este último patrón incluye aquellas experiencias en las que las características y circunstancias del acto sexual definen la situación de emergencia anticonceptiva. Al centrar los indicadores en el acto sexual, las emociones, acciones y/o decisiones tienen un margen temporal restringido, de horas y días, más acotado que el intervalo temporal del retraso. El intervalo temporal de la menstruación sirve para la confirmación del embarazo y/o para el testeo de los resultados de las acciones y decisiones llevadas a cabo.

El espectro de experiencias incluye desde la ausencia de métodos anticonceptivos durante el acto sexual hasta las fallas en la protección. Las características de la relación sexual y de la protección se relacionan con el vínculo de pareja (ocasional, de pareja estable, matrimonio) y del modelo de negociación en el uso de métodos anticonceptivos (compartido, desigual, abusivo). Estas experiencias, prácticas y saberes se corresponden principalmente con clases sociales medias y medio-bajas, en su mayoría de centros urbanos, y también en relación con aquellos centros urbanos y semi-urbanos que tienen Programas de Salud Reproductiva.

La capacidad de reconocer adecuadamente la "emergencia anticonceptiva" en una situación determinada es crucial para que las personas se apropien subjetivamente del instrumento AHE dentro de la batería disponible para la regulación de la propia fecundidad.

Uso de anticoncepción hormonal de emergencia

A quienes habían usado anticoncepción de emergencia, se les preguntó sobre cuestiones relativas a la accesibilidad. Sobre ello dará cuenta este apartado, considerando que se trata de los casos que no sólo atravesaron un susto sino que recurrieron al uso de AHE en alguna de sus variantes: una o dos dosis de levonorgestrel, o el método de Yuspe. Quienes utilizaron AHE se proveyeron de información tanto en el sector público estatal como en forma privada, pero en menor medida de lo esperado; se basaron, más bien, en la información circulante en su medio social de redes amistosas y familiares.

Fuentes y modos de circulación de la información sobre anticoncepción hormonal de emergencia

De un modo similar a lo que ocurre con los métodos anticonceptivos de uso regular, e incluso más marcadamente, en el caso de la AHE no se registra demasiado el papel del personal de salud en tanto fuente de información, tal como revelaron los datos cuantitativos. La información circula más bien entre grupos de pares.

Para el análisis de las fuentes de información sobre AHE es necesario tener en cuenta el conflicto de opiniones, difundido por los medios, sobre la entrega de AHE gratis en los efectores públicos. En parte, de allí provino tanto su difusión como su confusión en relación con el tema, entre el público potencialmente usuario que fue entrevistado.

Las mujeres tienen mayor información sobre AHE que los varones, y las usuarias refieren sus experiencias –que se constituyen en hitos en la trayectoria sexual personal– con mucho mayor detalle.

Si quién se cuida depende de quién pone el cuerpo, en este caso no hay dudas: la anticoncepción de emergencia es un asunto de mujeres. Los varones, en el mejor de los casos, son buenos acompañantes, y muchas veces no se identifican como usuarios de AHE. Hecho éste que se reconfirma a partir de la narración que hacen las mujeres en relación con quién tomó la decisión de usar AHE.

Estos temas, considerados de mujeres, suelen circular en redes de mujeres. Otras fuentes de información son la televisión, la farmacia, la folletería del Programa de Salud Reproductiva local. Recién al momento de tener que usarlo, se lee quizá el prospecto del medicamento, se consulta a profesionales de la salud y se completa la información obtenida de esos circuitos informales. Sin embargo, como la información circula de boca en boca, se cuela información incorrecta, tamizada por la propia experiencia y los miedos.

Accesibilidad

Si bien en las entrevistas no se registran dificultades que hayan impedido el acceso, en varios testimonios apareció la "vergüenza" y otros sentimientos subjetivos que constituyen una barrera. Una vez tomada la decisión y comenzados los pasos para obtener las pastillas, no se registran mayores dificultades, independientemente de la educación, lugar de residencia, estrato socioeconómico, o cobertura de salud.

Cualquiera sea la percepción sobre el marco legal, la idea de que "no hace falta receta ni nada" está muy extendida. En efecto, la AHE es de venta bajo receta no archivada, por lo que en la práctica funciona como "de venta libre". Esto contrasta, sin embargo, con que casi la mitad de las personas encuestadas en el componente cuantitativo (la inmensa mayoría de las mujeres y los varones *sin* experiencia de AHE) creen que se vende bajo receta, no están seguros o no saben.

La AHE es comprada generalmente en la farmacia (el lugar al que recurrió casi la totalidad de los encuestados en el componente cuantitativo), y en algunos casos fue retirada en el hospital, el centro de salud o en el Programa de Salud Reproductiva.

Según las entrevistas, el precio no fue considerado inabordable. La relación costo (dinero que se paga) versus el beneficio (embarazo no buscado que se evita) es "costo-efectiva" y, considerando que es "por una sola ocasión", las cifras abonadas no resultan un impedimento infranqueable para el acceso.

Entre las dificultades mencionadas, se destacan la "vergüenza" anticipada frente al personal de la farmacia (sobre todo en las localidades más pequeñas), actitudes prejuiciosas, inquisitoriales o negativas por parte de este personal y de los profesionales de salud en los servicios públicos.

La vergüenza está ligada a la sexualidad y a la violación de la intimidad, pero también a haber fallado ante la "norma anticonceptiva", es decir, la norma según la cual todo embarazo debe ser buscado y buscado en un "buen momento" (Bajos y Ferrand, 2002).

Uso de anticoncepción hormonal de emergencia y modificaciones en las prácticas de cuidado

Las mujeres y varones entrevistados que usaron AHE sabían de ella con anticipación, o al menos uno de los miembros de la pareja. Entre la información que poseían, estaba el conocimiento de que cuanto antes se la toma, mejor. El período mencionado en relación con ese "cuanto antes" es variable. La información inexacta acerca del lapso dentro del cual tiene efectividad la AHE puede dar lugar a embarazos no buscados, siendo una creencia errada el que la píldora es eficaz "el día después" únicamente.

En algunos casos, luego de una primera experiencia con AHE se busca más información y se asumen, en lo sucesivo, prácticas anticonceptivas de mayor cuidado. En otros, no hay modificaciones significativas en las conductas anticonceptivas, y no es infrecuente que se repita el uso de AHE, que ya demostró que "funciona".

Los varones y mujeres entrevistados no reconocen que en su entorno el uso de AHE haya reemplazado la anticoncepción regular y por varias razones descalifican el uso frecuente de AHE: hay otros métodos efectivos de cuidado, la prevención de ITS, los efectos secundarios negativos para el cuerpo, el malestar atravesado por la mujer que la toma y los costos.

La idea de los efectos nocivos para la salud de la mujer también se encuentra entre los prejuicios que rodean al uso de la AHE. Se afirma que "debe ser una bomba" para el cuerpo de la mujer -por el cambio hormonal que supondría-. Del mismo modo, erróneamente se considera que sólo podría ser tomada en una muy limitada cantidad de veces porque de repetirse el uso, se afirma, dejaría de ser efectiva.

Campo semántico de la anticoncepción de emergencia

Recientemente incluida en el vocabulario público, con escasa difusión y rodeada de polémica, la denominación "anticoncepción de emergencia" no remite todavía a un referente claro para la mayoría de las personas. En aproximadamente la mitad de los casos, las personas entrevistadas no asocian nada a esa noción. La otra mitad remite sencillamente a "pastilla del día después", denominación que se popularizó.

Mencionada o conocida como "pastilla del día después", el significante está más cubierto pero sin embargo permanece flexible bajo un conjunto heterogéneo y variable de términos, la mayoría de ellos con connotaciones negativas.

En las entrevistas cualitativas, la expresión "pastilla del día después" aparece asociada a palabras y expresiones tales como: *relaciones sexuales, evitar un embarazo, inmediato, el último recurso, mujer, accidente, no previsión, falla en el uso de preservativo o anticonceptivo, algo de lo que no hay mucha información, duda.*

Más frecuentes son las asociaciones de tinte negativo: *desesperación, nervios, día después del moco que te echaste, algo poderoso para acabar con la vida, aborto, plan de emergencia, pastillas, prevención, susto, descuido, preocupación,* cagazo, boludo, *perseguir, plata, cuestión límite, violación, se rompió el preservativo, riesgo, despreocupación, embarazo no deseado, trastorno, no tener poder para controlar, bajón, tristeza, feo, daño corporal.*

También aparecen connotaciones positivas: *cuidado, compañerismo, está bueno para las mujeres, me evito un quilombo, salir del apuro, te va a salvar, una ayuda, seguro.*

Pese a esta enorme multiplicidad de asociaciones a las que remite "pastilla del día después", las que más se repiten son *embarazo, relación sexual, pastilla, cuestión límite, miedo y aborto* (Cuadro 11.1). Estas asociaciones, especialmente las últimas, muestran que existe un amplio espacio de asociaciones semánticas donde las políticas públicas pueden y deben intervenir comunicacionalmente para resignificar en un sentido positivo la connotación de miedo y aborto: la anticoncepción de emergencia es, en los hechos, la última barrera para prevenir un aborto.

Anticoncepción… ¿después?

La anticoncepción post-coito es una noción contraria al sentido común para la mayoría de las personas entrevistadas y aparece la contradicción que genera un método anticonceptivo (asociado al "antes", o en todo caso, al "durante" de la relación sexual) con algo que se toma después. Lo que se hace después tiene una ligazón con el aborto.

Ligado a la idea de un método anticonceptivo que se toma después de una relación sexual y que apunta a prevenir y no a interrumpir un embarazo, es preciso destacar el desconocimiento en relación con el hiato temporal que existe entre la relación sexual y la posibilidad de que se concrete el embarazo. La confusión que produce la denominación hace que para algunos quede sencillamente descartada del campo de sus posibilidades, pues no saben de qué se trata y *"el día después"* genera confusiones.

De las mujeres y los varones consultados, muy pocos pudieron decir acertadamente y sin dudar que esta pastilla o dosis de pastillas podía evitar la fecundación. Buena parte de la muestra no sabía cómo explicarlo aunque tenía noticias de que por alguna razón no se producía el embarazo, pero más de la mitad de las personas entrevistadas le adjudicaban carácter abortivo, ya fuera que la hubieran usado o estuvieran dispuestos a usarla de todas maneras.

Quienes pudieron procurar cierta clase de explicación sobre el modo de funcionamiento de la AHE, fueron casi todos entrevistados que la habían usado o estarían dispuestos a usarla. En el resto de la muestra, la idea acerca de qué era y cómo funciona era mucho más difusa e imprecisa, en caso de existir tal idea.

El hecho de asignarle a la AHE carácter abortivo o no depende de la posición que las personas tienen en relación con el aborto y con el momento a partir del cual se define la vida humana. Hay para quienes cualquier cosa que se realice después de una relación sexual implica aborto. Los hay también aquellos para quienes la vida comienza con la fecundación y suponiendo que la pastilla actúa en esa fase le adjudican carácter abortivo. Y, finalmente, están quienes sostienen que el aborto se produce cuando ya hay un feto y por lo tanto nada de lo que se realice antes de esa constatación, o de la corroboración fehaciente de un embarazo, puede considerarse abortivo.

Confusiones entre la regularización de la menstruación y el aborto

Asociada a la palabra "pastilla", la AHE pierde su singularidad para ser confundida con la pastilla *Dosdías* o con el *Oxaprost*, la conocida píldora usada para abortar. A esta última asociación contribuye la vinculación semántica que existe entre anticoncepción de emergencia y aborto.

El carácter abortivo que un sector de la sociedad le adjudicó a la AHE, ampliamente difundido sin suficiente contra-información, provoca esta asociación con el *Oxaprost*, y el hecho de que se tome después de la relación sexual remite al aborto.

Mucho se ha discutido a partir de las declaraciones acerca del carácter abortivo que la jerarquía católica le adjudica a la AHE. Como la voz de esta institución logró tener amplia difusión, la mayor parte de las noticias que las personas tienen en relación con la AHE provienen de esos momentos álgidos del debate público político en el que han intervenido además voces que, desde la medicina, ratifican la postura hostil a cualquier mecanismo de regulación de la fecundidad. En este marco, sin embargo, desde los servicios de salud no se han encarado en forma orgánica respuestas que instalen las diferencias de empleo entre los métodos anticonceptivos de uso regular, la AHE y los mecanismos de interrupción del embarazo.

La anticoncepción hormonal de emergencia, ¿es abortiva?

Aunque con dudas, varios entrevistados expresaron la opinión de que la AHE no es abortiva. Tal opinión estaba informada en la idea, a veces vagamente expresada, de que un aborto se produce "más adelante", cuando el embarazo está finalmente en curso, sancionando implícitamente la idea de que tener relaciones sexuales no es sinónimo de iniciar un embarazo, o que el aborto se refiere más bien a un feto ya algo desarrollado.

No hay claridad en que la anticoncepción de emergencia apunta a impedir la fecundación, sino que hay una zona gris entre la ocurrencia de la relación sexual y la fecundación. Son pocos quienes asumen que se puede impedir la unión del óvulo y el espermatozoide después del coito.

Algunos usuarios afirman que el efecto de la pastilla del día después puede ser abortivo, pero en todo caso esto no les plantea problemas. Para otros, la AHE es abortiva sin duda, lo cual deriva de la creencia de que relación sexual equivale a fecundación, y el resultado de ésta es siempre una vida humana. Así, cualquier intervención en el proceso, tanto en la fecundación como la anidación, resulta abortiva. A pesar de las diversas posturas en relación con la AHE y el aborto, en el momento de decidir tomar o no, la AHE, parece prevalecer más el miedo –o el terror– al embarazo no querido, que el hecho de pensar que el método pueda ser abortivo.

En otro extremo, pero abrevando en los mismos equívocos sobre el proceso de fecundación, hay quienes están convencidos de que la AHE es abortiva, e igual la usan sin manifestar conflictos al respecto ("claro que es abortiva, ¿y qué?", dijo un entrevistado universitario de Buenos Aires).

Conversaciones sobre sexualidad y anticoncepción

Cuando a las personas entrevistadas se les consultó si conversan seguido sobre su sexualidad y sus prácticas de anticoncepción, la mayoría respondió que no. Las mujeres de nivel socioeconómico medio-bajo, en particular, reconocen timidez y pudor para hablar sobre sexualidad, incluida la misma situación de la entrevista.

Se busca preservar la propia intimidad, aun dentro de la familia, en lo que se muestra la pervivencia de modelos tradicionales y cerrados de crianza.

Las dificultades para hablar sobre sexualidad se vinculan asimismo con los prejuicios que rodean a la anticoncepción, basados en creencias religiosas y concepciones ideológicas. Los entornos sociales conservadores, referidos en San Juan, y en menor medida en Mendoza, son identificados como un impedimento.

Las conversaciones sobre sexualidad y anticoncepción se dan con dificultad en el ámbito de las consultas de salud. Si bien se mencionan situaciones concretas de diálogo, las mujeres de todos los estratos señalaron que resulta difícil conversar de temas personales durante las consultas. Para los varones, la consulta con un profesional de salud es un terreno desconocido. Muchos opinaron incluso que no les sería difícil ir a una consulta sobre sexualidad y anticoncepción, pero que ellos en particular no lo han hecho nunca, que no hubo necesidad; sí han ido a acompañar a sus parejas, situación que tampoco es relatada como común o corriente.

La más frecuente fuente de información suele ser el autodidactismo, los grupos de pares y las redes familiares (madre e hijas, hermanas, cuñadas, vecinas, en el caso de las mujeres).

Cuando se procura indagar la fuente primera de información sobre anticonceptivos, por ejemplo, pocas personas dan cuenta de la fuente de la que extrajeron el dato: lo leyeron, lo escucharon, alguien lo dijo. Origen incierto de una información que se retransmitirá.

La consulta con profesionales

El diálogo en el interior del consultorio es valorado por las mujeres de manera diferencial según su nivel socioeconómico. Las mujeres de nivel medio-alto no manifiestan mayores dificultades al consultar servicios de salud –privados– en busca de anticoncepción. Aparecen opiniones críticas sobre profesionales que no resuelven dudas frente a preguntas concretas, y el no sentirse tenidas en cuenta. El tema del aborto es una cuestión aparte.

Los contactos de las mujeres de nivel socioeconómico medio-bajo con el sistema sanitario están signados por la secuencia de embarazos y partos, y en algunos casos son los únicos momentos en que se hacen atender. Hay quienes nunca han consultado en ginecología –en especial las más jóvenes– y quienes refieren razones laborales y familiares que las llevan a postergar en forma crónica la consulta. Paradojalmente, aunque los servicios son poco usados, predomina una valoración positiva de la atención brindada en centros de salud y hospitales, lo cual puede estar asociado también a su gratuidad y quizá a una menor expectativa en cuanto a la calidad de la atención. Asimismo, confían a priori en los profesionales de salud, si bien aparecen dificultades para preguntar cuando el/la profesional no está predispuesto/a a ampliar la información.

En la consulta ginecológica, al exponerse la sexualidad y el cuerpo, la confianza en el profesional es altamente valorada por las pacientes e, inversamente, el pudor y la vergüenza son obstáculos. Las mujeres de mayor edad refieren sentirse "acostumbradas" por haber atravesado ya partos u otras experiencias de atención en la red sanitaria. En la población joven sobre todo, la vergüenza interfiere en el acceso a la información y la obtención de métodos, aun gratuitos.

De la acción estatal y el conocimiento de las leyes vigentes

Con relación al estatus legal de los diferentes métodos, el conocimiento es escaso o confuso. Los sentidos circulantes dependen de las informaciones contradictorias y los argumentos que van apareciendo públicamente, en ausencia de mensajes continuados y sistemáticos desde la Salud Pública. El reconocimiento del derecho a acceder a información, atención y métodos anticonceptivos en forma gratuita no está extendido en el conjunto de los entrevistados.

Pocos conocen las leyes y programas en la materia, sólo reconocen –aunque sin mayores detalles– la prohibición del aborto, quizá por la mayor cobertura que ese tema ha tenido en los medios. Respecto de la AHE en concreto, algunos recuerdan el debate suscitado en ocasión de un fallo prohibiendo la pastilla *Imediat*, pero no saben qué ocurrió después.

Los usuarios y usuarias manifestaron conocer vagamente (o nada) la Ley y/o el Programa Nacional de Salud Sexual y Procreación Responsable que, como algunos programas provinciales y locales, previó la garantía para la provisión de AHE desde el año 2007 (Petracci y Pecheny, 2007; Ramos y Petracci, 2006). Que los sujetos se apropien del marco legal que protege sus derechos en materia sexual y reproductiva es una asignatura pendiente.

La distribución de la anticoncepción hormonal de emergencia

Las realidades e historias de los programa de salud sexual y reproductiva en cada región (Petracci y Pecheny, 2007) se reflejan en el discurso de los profesionales de la salud entrevistados. Se reconocen diferencias según las regiones: el AMBA, que cuenta con trayectoria en actividades de salud sexual y reproductiva (aunque variable según se trate de la Ciudad de Buenos Aires, que distribuye AHE desde 2003, o los diferentes lugares del conurbano bonaerense); Mendoza, con una trayectoria de buen funcionamiento, que distribuye AHE desde 1999; y San Juan, donde las resistencias conservadoras han hecho más dificultosas las acciones en la materia.

En San Juan, la AHE comenzó a distribuirse durante 2007, inicialmente para situaciones de abuso sexual. Luego quedó disponible para cualquier situación de emergencia. Sin embargo, según las entrevistas, en ese momento el Plan Mujer –programa a cargo de coordinar las cuestiones vinculadas con la salud sexual y reproductiva– continuaba en proceso de institucionalización y aún no está extendido en todos los servicios. Por lo tanto, no todos los efectores tienen disponibilidad de AHE, y aquellos que la tienen suelen atender en horarios restringidos. Existen, además, problemas vinculados con la difusión y la información disponible y la cantidad de recursos humanos capacitados en la temática en cuestión. La difusión pública de información es limitada, pues se busca evitar dificultades con la jerarquía católica local, que en el pasado reciente ha impedido acciones públicas vinculadas con los derechos reproductivos.

Tanto en Ciudad Autónoma de Buenos Aires como en Mendoza, los programas de salud sexual y reproductiva están más institucionalizados y tienen, al momento de la investigación, un funcionamiento relativamente autónomo. La anticoncepción de emergencia hace ya más de un quinquenio constituye parte de la oferta de métodos de los efectores de salud. Esa antigüedad en la provisión de anticoncepción de emergencia, ya sea bajo el método de Yuspe o bajo un producto dedicado ha provocado que el tema esté más "instalado".

Asimismo, la Ciudad de Buenos Aires y Mendoza cuentan entonces con presupuesto propio para la provisión de insumos y otros recursos necesarios, a diferencia de la provincia de Buenos Aires o San Juan, que dependen de los recursos provenientes del programa nacional. Debido a esa mayor dependencia en estas como en otras provincias, la AHE recién existe como insumo disponible desde el año 2007, lo que hace que ni los profesionales ni los usuarios potenciales estén debidamente informados sobre su existencia. En muchos casos, persisten temores o prejuicios que no han sido trabajados aún en capacitaciones internas del personal.

El problema con la difusión

Uno de los principales obstáculos para acceder a la AHE es la falta de información precisa, lo cual puede revertirse con la difusión adecuada de los programas y servicios, tanto por medio de campañas de difusión masiva como por la circulación de boca en boca.

La mayor circulación de información sobre estos temas tiene a las personas de confianza como interlocutoras. Es preciso que los profesionales de la salud informen a la población sobre su disponibilidad para que se ponga en marcha el boca a boca. Esto no sucede en algunos contextos, como en San Juan o la provincia de Buenos Aires, debido a lo que una entrevistada llamó acertadamente "barreras ideológicas"; es decir, que no tienen que ver con la falta de insumos o problemas de abastecimiento, sino con profesionales que operan como barreras frente a quienes necesitan la información, o con que ésta se transmite con una carga de prejuicios que inhiben su demanda. Como ejemplo de estas barreras ideológicas, se puede citar el caso de una de las profesionales de San Juan consultada, quien temiendo que la AHE empiece a usarse regularmente (e irresponsablemente) como método anticonceptivo, retacea *ex profeso* su entrega. Sostuvo en la entrevista que no se había registrado ningún pedido de AHE, debido a que tenían a las mujeres bajo programa "muy bien entrenadas y aleccionadas", y que ni el personal ni la guardia ofrecía el recurso a menos que se juzgara la situación o el caso como adecuado. Según narraba otra de las personas entrevistadas, ellos sugerían la AHE casi únicamente en caso de violación. Si no, no era algo que se ofreciera rutinariamente como un recurso o una posibilidad para prevenir un embarazo no deseado luego de una relación sexual sin protección.

En Mendoza y en la Ciudad de Buenos Aires hay más demanda espontánea de AHE en los servicios. Ello coincide con una mayor apertura de los profesionales frente al tema y su más larga tradición en políticas y servicios de salud sexual y reproductiva.

La desinformación, la deficiente capacitación y el inadecuado funcionamiento en red conspiran contra los servicios

Salvo algunas excepciones, más frecuentes en los casos de Mendoza y CABA, los profesionales acusan recibo de una escasa capacitación sobre estos temas, y demandan una mayor difusión.

En relación con lo anterior se percibe una ineficaz comunicación entre servicios, entre distintas unidades, y entre los distintos programas involucrados. La capacitación es uno de los ítems más demandados por los profesionales de la salud y sobre el que se insiste desde las jefaturas, pero también sobre el cual existe conciencia de las dificultades de una implementación más o menos masiva y sistemática.

Tampoco entre las personas vinculadas con la salud se manifiesta un conocimiento preciso de la normativa legal vigente. En sus narraciones es posible advertir, como en el caso de las mujeres y los varones usuarios, que las decisiones en estos temas se vinculan más con opiniones y convicciones personales que con lo que las normas establecen (Gogna *et al.*, 2002).

Consultados acerca del mecanismo de acción de la AHE, los profesionales entrevistados en general conocen su funcionamiento. En cuanto a las circunstancias en que debería prescribirse AHE, la mayoría acuerda también en que el tiempo máximo son 72 horas posteriores a una relación sexual sin protección, abuso sexual, rotura de preservativo u olvido de la anticoncepción hormonal regular –recuérdese que la evidencia científica señala un tiempo de hasta cinco días postcoito–.

La mayoría de los profesionales refirieron que la AHE de ninguna manera puede ser considerada abortiva, y que esta confusión se explica por el no conocimiento del tiempo que media entre la relación sexual y la fecundación. Según profesionales consultados, la generalización real o temida del uso de la pastilla *Oxaprost*, que efectivamente se usa después de una relación sexual para provocar un aborto, alienta confusiones tanto entre usuarios y usuarias como en el personal de las farmacias.

Se indagó acerca de la posibilidad de que el aumento del uso de AHE conspirara contra el uso del preservativo y por ende contra la prevención del VIH/sida. Esto fue, en general, ampliamente rechazado y la mayoría hizo hincapié en el hecho de la que AHE es de emergencia y que el único método que protege contra las ITS es el preservativo. Esto también lo afirma la población que participó de la encuesta.

Independientemente de las posturas respecto del aborto, profesionales y funcionarios acordaron en que la difusión y el uso adecuado de AHE tenderán a la disminución de abortos provocados. No obstante, varios reconocen focos de resistencia entre sus colegas, vinculados con cuestiones ideológicas, éticas, morales, pero sobre todo religiosas.

Los protocolos de atención refieren a las rutinas y procedimientos implementados por el sistema de atención público estatal en general, y en particular los relativos a la prescripción de medicamentos. Para la provisión de anti-concepción de uso regular se extiende una receta luego de una consulta médica. Con esa receta, la persona pasa por la farmacia a retirar su anticonceptivo en forma gratuita. Dependiendo de la región, sector y la política que allí rija, esta rutina deberá repetirse cada mes o cada tres meses. Para la AHE, el procedimiento es básicamente el mismo, pero debe repetirse cada vez que la persona acude ante una situación de emergencia anticonceptiva. Allí comienzan a jugar otros factores, la disponibilidad del insumo en el servicio y la predisposición de los actores presentes.

No se han registrado prácticas de entrega de la AHE a personas fuera de situaciones de emergencia. Las diversas maneras de entregar la AHE, en situaciones de emergencia, tienen menos que ver con el servicio o programa en cuestión y bastante más que ver con la discrecionalidad de quien está a cargo en el momento de la atención y de su posición al respecto. En San Juan, la AHE no está disponible en todos los efectores, aunque en principio sí lo está en los servicios bajo programa. En las guardias, el personal no siempre conoce su existencia ni maneja información adecuada sobre las indicaciones. Si a ello se le adiciona la dificultad extra por la escasa difusión pública, la accesibilidad a la AHE se vuelve muy complicada.

En Mendoza y en la Ciudad de Buenos Aires, el servicio es bastante más homogéneo y se provee en la mayoría tanto de los consultorios como de las guardias, pero muchos profe-sionales y potenciales usuarios desconocen esta información.

Según las entrevistas de fines de 2007 y principios de 2008, relacionado con una cuestión de presupuesto, Ciudad de Buenos Aires y Mendoza tienen buenos circuitos de suministros, mientras que San Juan y provincia de Buenos Aires están más sujetos al Ministerio de Salud de la Nación y se refirieron dificultades de abastecimiento en los envíos de los distintos anticonceptivos desde el Programa Nacional durante ese año. Mientras Mendoza y la capital federal pudieron garantizar la continuidad en todos los tratamientos con sus propios recursos, las otras dos subregiones analizadas sufrieron cortes y discontinuidades en el abastecimiento ocasionando enormes dificultades de trabajo, en la calidad de atención y en la satisfacción de las demandas y necesidades anticonceptivas de la población.

El problema presupuestario y de suministros, una preocupación constante, muchas veces desemboca en discontinuidades del programa, afectando no sólo en términos inmediatos la satisfacción de la demanda, sino la adherencia futura y la credibilidad en su funcionamiento.

De acuerdo con los profesionales de la salud consultados, el tipo de población que concurre por estos temas al sector público es de bajo nivel socioeconómico, bajo nivel educativo, y en su inmensa mayoría se trata de mujeres. Se refieren intentos por lograr incentivar la participación de los varones, por ahora sin mayores resultados.

Acerca de los profesionales de la salud y las construcciones de sentido

La presente investigación pone en evidencia que los establecimientos de salud y sus actores no son la principal fuente de información sobre AHE, y sí sobre otros métodos.

Esa suerte de *continuum* de significados que en la población general se despliega entre AHE, aborto y delito punible, operando como obstáculo en el acceso a la AHE, también parece estar presente, no tanto en el discurso como en las prácticas profesionales.

El deslizamiento entre AHE y aborto se genera –con diferenciales según se trate de legos o iniciados– a partir de la (des)información sobre el mecanismo de acción de la primera, en la dificultad para comprender o aceptar que la fecundación no es un evento de ocurrencia inmediata después de una relación sexual no protegida, que hasta cinco días después de un coito es posible intervenir –con resultado variable– para evitar un posible embarazo y que, en síntesis, la AHE no es abortiva.

La correspondencia entre aborto y delito punible surge a su vez del desconocimiento, o la desestimación, de las causales de no punibilidad contempladas en la legislación vigente (art. 86 del Código Penal).

En algunos casos, los profesionales pueden llegar a retacear información, o la que brindan es parcialmente incorrecta, y contribuyen a la configuración de zonas borrosas entre anticoncepción de emergencia y aborto. Es posible preguntarse acerca de las causas de estas conductas profesionales: ¿es sólo producto de la desinformación, que a su vez genera incertidumbre y temores?, ¿operan en algunos/as profesionales convicciones de índole ideológico-políticas, éticas y religiosas, que se sobreimprimen a la información científicamente validada de que disponen? Estos interrogantes ponen en cuestión el lugar que ocupa la medicina basada en la evidencia en las prácticas cotidianas de los equipos de salud.

El Estado y los "mecanismos" de anticoncepción hormonal de emergencia: de acción, de resistencia, de acceso

A partir de reconocer la responsabilidad del Estado en el acceso a la información correcta y oportuna, a la atención y a los recursos –en este caso a la AHE– en tiempo y forma, a través de la red pública de salud, se desprende la necesidad de profundizar la capacitación de los equipos de salud sobre la AHE, y en particular sobre su "mecanismo de acción".

A la vez, desde las políticas y programas de salud, es necesario garantizar su disponibilidad en todos los efectores y operar sobre los "mecanismos de resistencia a la AHE" presentes en las organizaciones sanitarias y sus actores, con herramientas no sólo del campo de la medicina basada en la evidencia, sino también con dimensiones bioéticas, de género y de derechos humanos. Y traducir, en términos operativos, los límites entre el derecho a la objeción de conciencia de los/las profesionales de la salud y el derecho de las personas a recibir información y atención sanitaria oportuna y adecuada.

De los resultados de este trabajo surge también la conveniencia de realizar campañas de información masiva sobre esta temática, que apunten a ampliar el conocimiento de la población general sobre la AHE, esclarecer su mecanismo de acción y orientar sobre su "mecanismo de acceso" en el subsector público.

Otras cuestiones a esclarecer son las inherentes al status legal del aborto, por ejemplo a través de la difusión masiva e implementación efectiva de la *Guía técnica para la atención integral de los abortos no punibles* elaborada por el Ministerio de Salud de la Nación.

Toda la población debe contar con información sobre la AHE antes de que necesite utilizarla perentoriamente. Y en esta dirección, es posible plantearse la conveniencia de que, una vez en poder de la información, quienes así lo requieran puedan disponer de la AHE en forma preventiva. Esta alternativa no incrementa la frecuencia de uso de la AHE, y sí acorta la brecha temporal entre la relación sexual no protegida y la toma, aumentando en consecuencia la eficacia.

6. DISCUSIÓN

Este estudio se focaliza en las barreras a la accesibilidad a la AHE, las cuales impactan en el aumento de embarazos no buscados y abortos provocados, produciendo sufrimiento evitable y consecuencias negativas para la salud de la población.

Como se sabe, existe una serie de métodos para impedir un embarazo producto de una relación sexual, y que son de uso regular. Cuando el método usado en la relación sexual falló o porque, por alguna circunstancia, no se usó ningún método anticonceptivo, la AHE es la última barrera que puede impedir el embarazo. Con el fin de prevenir embarazos no buscados y abortos, la AHE está siendo crecientemente impulsada desde los Programas de Salud Reproductiva en los distintos niveles, pero encuentra obstáculos de acceso y ha dado lugar a estridentes discusiones públicas.

Con el impulso de los avances legales en derechos reproductivos y sexuales (Petracci y Pecheny, 2007) y la puesta en marcha de los diversos programas de salud sexual y procreación responsable (Ramos y Petracci, 2006), la investigación en la materia sigue creciendo, aborda nuevos aspectos (médicos, sanitarios, político-institucionales, sociales) y nuevos sujetos (Bianco *et al.*, 2003; Pantelides y Manzelli, 2003; Ramos *et al.*, 2004; Zamberlin, 2005; Gogna, 2005; Brown, 2006; Petracci y Ramos, 2006; López y Pantelides, 2003 y 2007).

En este contexto, se ha incrementado el interés por conocer los factores que facilitan u obstaculizan el acceso a la salud sexual y reproductiva, desde una perspectiva de salud pública y de derechos humanos. Los análisis han relevado las barreras que permanecen en la práctica cotidiana e impiden que el derecho a gozar del mayor estado de salud sexual y reproductiva, garantizado en el territorio nacional por la Ley 25.673, sea efectivamente un derecho de todas y todos. Es decir, que las personas puedan decidir si tener hijos/as o no y que cuenten con información veraz y confiable sobre los métodos anticonceptivos disponibles así como con los insumos necesarios para poder llevar sus decisiones ciudadanas a la práctica.

Sin embargo, en el país no había investigación sistemática y específica sobre AHE. Esta investigación buscó llenar ese vacío y comenzar a explorar cuáles son y dónde están ubicados los factores que obstaculizan el acceso a la AHE.

En nuestro trabajo, se han recolectado y expuesto datos que muestran prácticas y percepciones subjetivas que atentan contra la accesibilidad a la AHE; estos datos contribuirán, es la intención, al diseño de políticas públicas en la materia. Sin embargo, estos datos evidencian que la restricción del acceso se vincula con debates públicos y políticos que exceden los saberes técnico-profesionales médicos o el ámbito sanitario. El punto de desacuerdo radical cuando se piensa en cuestiones de derechos y salud reproductiva, como en este caso, es la cuestión del aborto ilegal (Petracci, 2004; Brown, 2006; Petracci y Pecheny, 2007).

Esta cuestión sobre-determina la accesibilidad a la AHE, en tanto sigue siendo dilemático ofrecer y utilizar un método anticonceptivo cuyos límites con la interrupción del embarazo son, *según los discursos y percepciones circulantes*, borrosos. Este fenómeno genera resistencias, confusión y desinformación, tanto en usuarios y potenciales usuarios como en el sector salud.

Nuestro estudio refleja las dificultades de la población y de los profesionales para distinguir entre anticoncepción de uso regular, anticoncepción de emergencia, y métodos *ex profeso* o de hecho abortivos. Se forjan así las primeras barreras al acceso a la AHE, ya que el debate público y político ha producido una ligazón muy estrecha entre la AHE y el aborto, por algunas características particulares que distinguen a la AHE de los métodos anticonceptivos de uso regular.

Hay factores comunes con respecto al acceso al conjunto de métodos anticonceptivos, y otros específicos a la AHE. Los factores que obstaculizan el acceso a la AHE involucran aspectos técnicos, asistenciales e informativos, no fácilmente disociables de concepciones políticas, éticas, culturales, legales, sociales y religiosas.

Desde el punto de vista de los profesionales y los servicios, los obstáculos se vinculan con la falta de difusión de la AHE y con la escasez de insumos y recursos humanos necesarios y adecuadamente capacitados. No sólo es crucial la disponibilidad de insumos, sino la amplitud de horarios de los servicios, que la AHE esté en las guardias (puesto que los horarios de ginecología son reducidos, que en los hospitales se atiende generalmente por la mañana y en las salitas únicamente el día que va el/la ginecólogo/a, los tiempos de espera para ser atendido, etc.). En pocas palabras: para que la AHE sea accesible en los efectores, debe estar accesible en el momento en que se la necesita.

A su vez, factores institucionales de índole política, moral e incluso confesional generan barreras invisibles al acceso. Algunos pocos profesionales directamente restringen, retacean información, o se niegan a entregar los insumos. Pero incluso por inacción se contribuye a perpetuar la imagen imprecisa que hace borrosa la distinción entre

AHE y otros productos con efectos abortivos, tales como el misoprostol u *Oxaprost*, que apareció en la escena social simultáneamente a la AHE.

Los estudios sobre opiniones y prácticas de mujeres y varones de la Argentina son consistentes en mostrar la aceptación del derecho a controlar la fecundidad y otros aspectos de la autonomía sexual y reproductiva, lo cual es ratificado en este estudio.

Desde estas consideraciones, resulta clave pensar e intervenir sobre las barreras de accesibilidad a la anticoncepción de emergencia, de orden simbólico y cultural, forjadas en una matriz de sentido que se nutre del equívoco y la desinformación respecto de la relación aborto-anticoncepción de emergencia.

La cuestión del acceso a este método en particular no sólo nos ubica en un escenario en el cual es necesario desmontar aquellas barreras tradicionales para el logro de mayor cobertura de servicios de salud (Mazzáfero y col., 1999); sino, fundamentalmente, atender aquellas barreras u obstáculos que operan en el nivel del vínculo que se establece entre los profesionales y los usuarios o potenciales usuarios del método (Barcala, Stolkiner y col., 2001; Luciani Conde, Barcala, 2007).

Es esta mediatización que opera al nivel de las prácticas concretas la que moldea en definitiva el juego entre la prescripción y la demanda de anticoncepción de emergencia. Mediatización que emerge a partir de este estudio como un aspecto central para pensar políticas públicas de salud sexual y reproductiva, desde una perspectiva basada en derechos de ciudadanía.

En síntesis, a modo de conclusión recapitulativa:
- Para la población, es contraintuitivo que pueda haber anticoncepción después del coito.
- No hay información correcta sobre las etapas y especificidades del proceso de fecundación (procesos

fisiológicos, hormonales, sus tiempos), lo cual genera equívocos en la AHE en particular, dadas sus características.

- La idea de que existe un método anticonceptivo de uso posterior a la relación sexual requiere, pues, ser trabajada por los programas específicos.

- Después del coito no protegido, cualquier intervención es percibida por gran parte de la población como interrupción del proceso de gestación, aspecto que es reforzado por la percepción de sentido común señalada en primer lugar.

- De ahí una extendida percepción de que la AHE impide la anidación del óvulo fecundado, o que "de alguna manera" es abortiva. Incluso tienen esta percepción quienes no se oponen, llegado el caso, a interrumpir un embarazo.

- Desde los servicios de salud, por acción u omisión, contribuyen a perpetuar esta zona gris que impide entender las diferencias entre anticonceptivos de uso regular, anticoncepción de emergencia y mecanismos de interrupción de embarazo.

- Esto se complica por el hecho de que, en la escena social, la aparición de los usos, institucionalizados o no, de la AHE y del misoprostol, ha sido simultánea.

- Y en la contemporaneidad de la caracterización, por parte de la iglesia y los sectores conservadores, de la AHE y el DIU como abortivos, y por ende ilegales o ilegalizables.

- Esta percepción también es prevalente: muchos consideran la AHE ilegal.

- Las fuentes de información de métodos de uso regular (salvo el preservativo) y de AHE son distintas: para los primeros, sobre todo los servicios de salud; para los preservativos y la AHE, el entorno amistoso y afectivo y los medios.

- Pese a las anticipaciones y temores de los profesionales de la salud, no está extendida la idea ni la práctica de la AHE como de uso regular o en reemplazo de los métodos de uso regular.
- En el mismo sentido, la totalidad de la población sabe que la AHE no previene el VIH/sida y no reemplaza al preservativo como barrera contra las ITS.
- No apareció el tema de la profilaxis post-exposición al VIH/sida, también ligado a algunas situaciones de emergencia.
- Aun si en muchos casos las personas detectan situaciones que se pueden caracterizar como de emergencia anticonceptiva, por definición, no prevén los cuidados para tales situaciones (como sí lo hacen, particularmente en los estratos sociales medios y altos, para las situaciones "ordinarias" de prevención de embarazos no buscados e ITS).
- Tampoco desde los servicios se alienta la prevención "ordinaria" para situaciones "de emergencia" (por ejemplo distribuyendo AHE en ocasión de controles ginecológicos).
- El abanico de nociones alrededor de la situación de emergencia es muy variado. La AHE lleva implícito un sentido único de la emergencia: durante la relación, porque falló el método, etc. Son necesarias medidas para explicitar la noción de emergencia que supone la AHE, y clarificar qué es una situación de emergencia anticonceptiva: para qué casos concretos sirve y para cuáles no. Para ello, también es necesaria previamente la educación sobre métodos anticonceptivos de uso regular y control de la propia fecundidad. Muchas veces, el no uso de AHE, o su no demanda, no se debe sólo a falta de información sobre su disponibilidad, sino a que falla toda la cadena preventiva de embarazos no buscados.

- En el contexto de estigma asociado al aborto, la asociación semántica y práctica entre AHE y aborto constituye una de las principales barreras a su accesibilidad, asociación que debería desmontarse desde un discurso de salud pública y derechos.

- Asimismo, debería considerarse la problematización pública del aborto sustrayéndolo del contexto de estigma y valores religiosos, y pensándolo desde una postura de salud pública y derechos.

- La información confusa o incorrecta atraviesa todos los segmentos sociales: según región, sexo, edad, nivel de instrucción y estrato socioeconómico.

- Dicho esto, en líneas muy generales, los datos sobre actitudes y conocimientos en relación con los métodos y la AHE son "mejores" desde una perspectiva de salud pública entre las mujeres (versus los varones), los más jóvenes (versus los de mayor edad), y mejoran a medida que se asciende en el nivel de instrucción alcanzado y en el estrato socioeconómico.

- Las barreras "tradicionales", ligadas a lo institucional (trato, amigabilidad de los servicios, horarios, etc.), a los costos económicos, a las desiguales relaciones de género y sociales, al tipo y momento de la relación afectiva y sexual (debut, en pareja estable o no), etc., operan aquí de modo similar a las barreras tradicionales de accesibilidad a los métodos anticonceptivos de uso regular. No obstante, el pago de la AHE no parece haber sido obstáculo entre quienes la han utilizado, considerándose "costo-efectivo" el abonar una cifra que oscila en torno de los $20 (valores de 2007), casi siempre en farmacias, frente a la alternativa de un embarazo no buscado. Es decir, de las barreras tradicionales, la económica no ha sido priorizada como un obstáculo a la hora de utilizar AHE, como sí se da con los anticonceptivos de uso regular. Las barreras de orden subjetivo, social y cultural se ubican como prioritarias para la accesibilidad a la AHE.

- Estos resultados muestran que existe un amplio y demandante margen de acción para las políticas comunicacionales a ser lanzadas por el Estado nacional y los Estados provinciales, y que deberían trabajar sobre la disociación semántica entre aborto y AHE.

- Los resultados muestran que el conocimiento informado sobre AHE entre la población dista mucho todavía de ser óptimo (con diferenciales por sexo, edad, nivel de instrucción alcanzado, estrato socioeconómico y región).

- Se muestra la necesidad de campañas de comunicación social que mejoren y especifiquen este conocimiento, despejando miedos y asociaciones semánticas espurias sobre su mecanismo de acción.

7. REFERENCIAS BIBLIOGRÁFICAS

AAVV. (2004), *La investigación en Salud Sexual y reproductiva. Propuestas metodológicas y experiencias.* UNFPA-INEN-ENSAP.

Andía A.M., Brown J., y Pecheny M. (2010), *¿A la cárcel o al sistema de salud? Las opiniones sobre penalización y legalización del aborto en Argentina*, trabajo presentado en el VI Taller CEDES-CENEP-AEPA-Instituto Germani.

Bajos, N. y Ferrand, M. (2002), *De la contraception à l'avortement. Sociologie des grossesses non prévues*, INSERM.

Barcala, A.; Stolkiner, A. y col. (2001), "Accesibilidad a servicios de salud de familias con necesidades básicas insatisfechas: estudio de caso", en *VIIIº Anuario de Investigaciones* de la Facultad de Psicología (UBA).

Barrett, G. y Harper, R. (2000), "Health professionals attitudes to the deregulation of emergency contraception (or the problem of female sexuality)", en *Sociology of Health & Illness*, Vol. 22, N° 2, March, p. 197-217.

Bianco M. *et al.*(2003), *Situación de la atención de la salud sexual y reproductiva: diagnóstico desde la perspectiva de lo/as usuarios/s.* Buenos Aires: CONDERS.

Brown J. (2006), "De cuando lo privado se hace público o de cómo se construyen las políticas sobre sexualidad y (no) reproducción. El caso de Mendoza", en Petracci, M. y Ramos, S. (comps.), *La política de salud y derechos sexuales y reproductivos en la Argentina: aportes para comprender su historia*, Buenos Aires: UNFPA-CEDES.

Brown, J. (2001), *Los derechos reproductivos como derechos ciudadanos Debates. 1985-2000*, Tesis de licenciatura, Mendoza: FCPyS-UNCuyo.

CEDES - Defensoría de la Ciudad de Buenos Aires (2003), Programa Ciudadanía y Sexualidad. Manual para la sociedad civil. Buenos Aires: Fundación Ford-CEDES-Gob. CABA.

Checa, S. y Rosemberg, M. (1996), *Aborto hospitalizado: una cuestión de derechos reproductivos, un problema de salud pública*. Buenos Aires: El Cielo por Asalto.

CLAE (2006), Fichas temáticas. Disponible en: www.clae.org, acceso en enero de 2007.

Croxatto, H.B.; Brache, V.; Ravez, M. *et al.* (2004), "Pituitary-ovarian function following the standard levonorgestrel emergency contraceptive dose or a single 0.75 mg dose given on the days preceding ovulation", en *Contraception*, Vol. 70, pp. 442-450.

Delbanco, S.F.; Mauldon, J.; Smith, M.D. (1997), "Little knowledge and limited practice: emergency contraceptive pills, the public, and the obstetrician-gynecologist", en *Obstetrics & Gynecology*, Vol. 89, N° 6, June, pp. 1006-1011.

Diaz, S.; Hardy, E.; Alvarado, G.; Ezcurra, E. (2003a), "Acceptability of emergency contraception in Brazil, Chile, and Mexico. 1. Perceptions of emergency oral contraceptives", *Cadernos de Saúde Pública*, Rio de Janeiro, Vol. 19, N° 5, pp. 1507-1517.

Díaz S., Hardy E., Alvarado G., y Ezcurra E. (2003b), "Acceptability of emergency contraception in Brazil, Chile and Mexico. 2. Facilitating factors versus obstacles", *Cadernos de Saúde Pública*, Vol. 10, pp. 1729-1737.

Díaz, S. y Croxatto, H.B. (2003), "Anticoncepción de Emergencia" (actualización), en Pérez Sánchez, A.

(ed.), *Ginecología*, Editorial Mediterráneo, Santiago, Chile, 3ª edición, pp. 1067-1073.

Diaz, S. y Schiappacasse, V. (2007), Boletín Médico de IPPF, Tomo 41, Número 2, Junio.

Diaz-Olavarrieta, C.; Norris Turner, A.; Ellerston, C.; Helzner, J.F.; Ezcurra, E. (2002), "Policy climate, scholarship, and provision of emergency contraception at affiliates of the International Planned Parenthood Federation in Latin America and the Caribbean", en *Contraception*, Vol. 65, N° 2, February, pp. 143-149.

Durand, M.C. ; Cravioto, M. ; Raymond, E.G. *et al.* (2001), "On the mechanisms of action of short-term levonorgestreol administration in emergency contraception", en *Contraception*, Vol. 64, pp. 227-234.

Ellerston, C.; Winikoff, B.; Armostrong, E.; Camp, S.; Senanayake, P. (1995), "Expanding Access to Emergency Contraception in Developing Countries", en *Studies in Family Planning*, Vol. 26, N° 5, September/ October, pp. 251-263.

Fígari, C. *et al.* (2006), *Sexualidades, política y violencia. La marcha del orgullo GLTTBI 2005*, Buenos Aires: CLAM - INADI - GES /IIGG.

Gogna, M. (coord.) (2005), *Embarazo y maternidad en la adolescencia. Estereotipos, evidencias y propuestas para políticas públicas.* Buenos Aires: CEDES.

Gogna, M.; Romero, M.; Ramos, S.; Petracci, M. y Szulik, D. (2002), "Abortion in a Restrictive Legal Context: The Views of Obstetrician-Gynaecologists in Buenos Aires, Argentina", en *Reproductive Health Matters*, Vol. 10 (19), pp. 128-137.

Harper, C.C.; Cheong, M.; Rocca, C.H.; Darney, P.D.; Raine, T.R. (2005), "The effect of increased access to emergency contraception among young adolescents", en *Obstet Gynecol*, Vol. 106, pp. 483-491.

ISPM-MORI (2002), Primera Encuesta Nacional sobre Anticoncepción de Emergencia. Buenos Aires.

Kesseru, E.; Larranaga, A.; Parada, J. (1973), "Postcoital contraception with D-norgestrel", en *Contraception*, Vol. 7, pp. 367-379.

Kornblit, A. (2004), *Actitudes, información y conductas en relación con el VIH/sida en la población general*, Informe para el establecimiento de la línea de base para el Proyecto: Actividades de apoyo a la prevención y el control del VIH/sida en Argentina, PNUD.

López, E. y Pantelides, E. (2003), *Varones latinoamericanos. Estudios sobre sexualidad y reproducción*, Buenos Aires: Paidós.

López, E. y Pantelides, E. (comp.) (2007), *Aportes a la investigación social en salud sexual y reproductiva*, Buenos Aires: CENEP-CEDES-AEPA-UNFPA.

Luciani Conde, L.; Barcala, A. y col. (2007), "Niñez en condiciones de desamparo y acceso a la salud en Ciudad de Buenos Aires", en *XVº Anuario de Investigaciones* de la Facultad de Psicología (UBA).

Manzelli, H. y Pecheny, M. (2003), "HIV/AIDS Prevention in Men Who Have Sex with Men", en Cáceres, C. *et al.* (eds.), *AIDS and Male-to-Male Sex in Latin America: Vulnerabilities, strengths and proposed measures - Perspectives and reflections from the point of view of public health, social sciences and activism*, Lima: UPCH-UNAIDS.

Marions, L.; Hultenby, K.; Lindell, I. *et al.* (2002), "Emergency contraception with mifepristone and levonorgestrel: mechanism of action", en *Obstet Gynecol*, Vol. 100, pp. 65-71.

Mazzáfero, V. (1999), *Medicina y Salud Pública*, Buenos Aires: Eudeba.

Ministerio de Salud de la Nación (2009), *Estadísticas vitales. Información Básica 2008*, Serie 5, Nº 52, Buenos Aires: Dirección de Estadísticas e Información en Salud.

Ministerio de Salud de la Nación (2010), *Guía Técnica para la atención integral de los abortos no punibles*, Buenos Aires, junio de 2010.

Munuce, M.J.; Nascimento, J.A.A.; Rosano, G.; Faundes, A.; Bahamondes, L. (2006), "Doses of levonorgestrel comparable to that delivered by the levonorgestrel-releasing intrauterine system can modify the in vitro expression of zona binding sites of human spermatazoa", en *Contraception*, Vol. 73, pp. 97-101.

Novikova, N.; Weisberg, E.; Stanczyk, F.Z.; Croxatto, H.B.; Fraser, I.S. (2007), "Effectiveness of levonorgestrel emergency contraception given before or after ovulation –a pilot study", en *Contraception*, Vol. 75, pp. 112-118.

Ortiz, M.E.; Fuentez, M.A.; Parraguez, V.H.; Croxatto, H.B. (2004), "Post-coital administration of levonorgestrel does not interfere with post-fertilization events in the new-world monkey Cebus apella", en *Hum Reprod*, Vol. 19, pp. 1352-1356.

Pantelides, A. y Manzelli, H. (2003), "Investigación reciente sobre sexualidad y salud reproductiva de las/los adolescentes en América Latina: qué hemos alcanzado, qué falta hacer, cuáles son nuestras falencias", en Cáceres, C. *et al.* (coord.), *La Salud como Derecho Ciudadano, Perspectivas y Propuestas desde América Latina*, Lima: UPCH, pp. 73-87.

Pantelides, E.; Bistock, G. y Mario, S. (2007), *La salud reproductiva en la Argentina 2005: resultados de la Encuesta Nacional de Nutrición y Salud.*

Pantelides, E. y Bott, S. (eds.) (2000), *Reproducción, salud y sexualidad en América Latina*, Buenos Aires: Biblos-OMS.

Pantelides, E.; Geldstein, R. e Infesta Domínguez, G. (1995), *Imágenes de género y conductas reproductivas en la adolescencia*, Buenos Aires: Cuadernos del CENEP.

Pantelides, E. y Mario, S. (2006), "Estimación de la magnitud del aborto inducido", informe preliminar presentado a la Comisión Salud Investiga, Ministerio de Salud de la Nación.

Pecheny, M. (2001), *La construction de l'avortement et du sida en tant que questions politiques: le cas de l'Argentine*, Lille : Presses Universitaires du Septentrion.

Pecheny, M. (2005) *Yo no soy progre, soy peronista: ¿Por qué es tan difícil discutir políticamente sobre aborto?*, Lima: UPCH, disponible en: www.ciudadaniasexual.org.

Pecheny, M.; Brown, J. y Tamburrino (2006), "Salud sexual y reproductiva: La noción de autonomía de las mujeres puesta en cuestión. El aborto y otras situaciones sensibles", en Wolf; de Faveri y Ramos (comp.), *Seminario Internacional Fazendo Genero 7*, Florianóplis, Santa Catarina, Brasil.

Pecheny, M. *et al.* (2007), "La ciudadanización de la salud: derechos y responsabilidades en salud sexual-reproductiva, enfermedades crónicas y cuidados paliativos" (con equipo Ubacyt), en López, E. y Pantelides, E. (comp.), *Aportes a la investigación social en salud sexual y reproductiva*, Buenos Aires: CENEP-CEDES-AEPA-UNFPA.

Pecheny, M.; Manzelli, H. y Jones, D. (2007), "The Experience of Stigma: People Living with HIV/AIDS and Hepatitis C in Argentina", en *Interamerican Journal of Psychology - Revista Interamericana de Psicología*, Vol. 41, n° 1, Jan-Apr 2007.

Pecheny M. y Tamburrino C. (2009), "¿La palabra lo dice?", Interpretaciones cruzadas y obstáculos a la anticoncepción de emergencia. Río de Janeiro: *Sexualidad, Salud y Sociedad*, pp. 158-176.

Petracci, M. (2004), *Salud, derechos y opinión pública*, Buenos Aires: Editorial Norma.

Petracci M. *et al.* (2005), "Experiencias, representaciones y opiniones sobre el aborto desde el punto de vista de los hombres. Un estudio exploratorio en varones adultos del Área Metropolitana de la Ciudad de Buenos Aires", en Abramzón, M. *et al.* (comp.), *VI Jornadas Nacionales de Debate Interdisciplinario en Salud y Población*, Buenos Aires: IIGG-FSoc (UBA).

Petracci M. y Ramos S. (comp.) (2006), La política de salud y derechos sexuales y reproductivos en la Argentina: aportes para comprender su historia. Buenos Aires: UNFPA – CEDES; 2006.

Petracci, M. y Pecheny, M. (2007), *Argentina: Derechos humanos y sexualidad*, CLAM-CEDES.

Petracci, M. (2007a), "Experiencias, representaciones y opiniones sobre aborto. Un estudio exploratorio en varones adultos de Buenos Aires", en la *VI International Conference: Dis/Organized Pleasures – Changing Bodies, Rights and Cultures*, Lima, Perú, Junio 27-29 de 2007, CD.

Petracci, M. (2007b), *Principales hallazgos de los estudios de opinión pública sobre salud reproductiva, educación sexual y violencia en la Ciudad de Buenos Aires y Gran Buenos Aires*, Publicación de la Comisión de la Mujer, Infancia, Adolescencia y Familia para el día de la Mujer, 8 de marzo de 2007, pp. 45-47.

Petracci, M. (2007c), *Opinión pública sobre interrupción voluntaria del embarazo y despenalización del aborto en la Argentina y América latina*, Hoja Informativa N° 1, Abril de 2007.

Petracci, M.; Pecheny, M.; Capriati, A. y Mattioli, M. (2008), "Varones, aborto y trayectorias socioafectivas de mujeres y varones de Buenos Aires", en *III Coloquio Internacional de Estudios sobre Varones y*

Masculinidades: Masculinidades y multiculturalismos. Perspectivas críticas, Universidad de Antioquía, Medellín, Colombia.

Portnoy, F. (2006), "Conocimientos, actitudes y prácticas de tocoginecólogos sobre anticoncepción de emergencia", en *Congreso Nacional de Salud Social y Comunitaria*, Buenos Aires.

Portnoy, F. y Berkenwald M. (2006), *Anticoncepción de emergencia. Guía para los trabajadores de la Salud. Cuadernos de Comunicación y Educación en Salud reproductiva*, Buenos Aires: Programa de Salud Reproductiva, Ministerio de Salud, Gobierno de la Ciudad de Buenos Aires.

Ramos, S. *et al.* (2004), *Para que cada muerte materna importe*, Buenos Aires: MSAL-CEDES.

Ramos, S. y Viladrich, A. (1993), *Abortos hospitalizados. Entrada y salida de emergencia*, Documento del CEDES N° 88, Buenos Aires: CEDES.

Rodríguez, R. (2006), *La práctica de la Ligadura tubaria en hospitales públicos del Gran Mendoza: un cruce entre los derechos ciudadanos de las mujeres y los servicios de salud, un análisis desde la perspectiva de género (2000-2005)*, Informe final Beca Ramón Carrillo-Arturo Oñativia sobre programas sanitarios con apoyo institucional, Buenos Aires: MSAL.

Romero M., Zamberlin N. y Gianni C. (2010), "La calidad de la atención posaborto: un desafío para la salud pública y los derechos humanos", en *Salud Colectiva*, Vol. 6, N° 1, enero-abril, pp. 21-34.

Sorhaindo, A.; Becker, D.; Fletcher, H. y García, S. (2002), "Emergency contraception among university students in Kingston, Jamaica: A survey of knowledge, attitudes and practices", en *Contraception*, Vol. 66, N°4, October, pp. 261-268.

Trussell, J. y Raymond, E. (2008) *Emergency Contraception: A Last Chance to Prevent Unintended Pregnancy*, Disponible en: http://ec.princeton.edu/questions/ec-review.pdf [acceso Abril de 2008].

Von Hertzen, H.; Piaggio, G.; Ding, J. *et al.* (2002), "Low dose mifepristone and two regimens of levonorgestrel for emergency contraception: a WHO multicentre randomized trial", en *The Lancet*, Vol. 360, pp. 1803-1810.

Walker, D.M.; Torres, P.; Gutierrez, J.P.; Flemming, K.; Bertozzi, S.M. (2004), "Emergency contraception use is correlated with increased condom use among adolescents: results from Mexico", en *Journal of Adolescent Health*, Vol. 35, pp. 329-334.

Westley, E. *et al.* (1998), "Task Force on Postovulatory Methods of Fertility Regulation: Randomized controlled trial of levonorgestrel versus the Yuzpe regimen of combined oral contraceptives for emergency contraception", en *The Lancet*, Vol. 352, pp. 428-433.

WHO [World Health Organization] (2005), Recomendaciones sobre prácticas seleccionadas para el uso de anticonceptivos, disponible en: http://whqlibdoc.who.int/publications/2005/9243562843.pdf

WHO [World Health Organization] (2007), *Levonorgestrel for Emergency contraception – Fact sheet*, disponible en: www.who.int/reproductive-health/family_planning/ec.html [acceso 23 de enero de 2007].

Zamberlin, N. (2005), *Propuesta para mejorar la calidad de atención en las complicaciones de aborto*, Informe final Beca Ramón Carrillo-Arturo Oñativa sobre programas sanitarios con apoyo institucional. Buenos Aires: MSAL.

Zamberlin N. (2009), *Misoprostol para tratamiento del aborto incompleto en el contexto argentino*, Buenos Aires: CEDES-CLACAI.

8. ABREVIATURAS Y ACRÓNIMOS

ACE	Anticoncepción (o anticonceptivos) de emergencia
AHE	Anticoncepción hormonal de emergencia
APS	Atención primaria de la salud
CEMIC	Centro de Educación Médica e Investigaciones Clínicas "Norberto Quirno"
CENEP	Centro de Estudios de Población
CONICET	Consejo Nacional de Investigaciones Científicas y Técnicas
DIU	Dispositivo intrauterino
ESE	Estrato socioeconómico
FLACSO	Facultad Latinoamericana de Ciencias Sociales
IIGG	Instituto de Investigaciones Gino Germani
ITS	Infecciones de transmisión sexual
LH	Hormona luteinizante
LNG	Levonorgestrel
MAC	Método(s) anticonceptivo(s)
OMS	Organización Mundial de la Salud
PDD	Píldora o pastilla del día después
UBA	Universidad de Buenos Aires
UNFPA	Fondo de Naciones Unidas para la Población
UNLa	Universidad Nacional de Lanús
UNLP	Universidad Nacional de La Plata

9. ACERCA DE LAS AUTORAS Y LOS AUTORES

Ana María Andía

Bioquímica por la Universidad Nacional de San Luis. Especialista en Políticas Públicas e Identificación, Formulación y Evaluación de Proyectos por la Universidad Nacional de Cuyo. Maestranda en Salud Pública por la Universidad de Buenos Aires. Posee formación en Psicología Social. Ha desempeñado funciones de investigación, docencia, gestión y asistencia técnica en el Laboratorio de Reproducción y Lactancia (CONICET), la Organización Panamericana de la Salud, el Consejo Federal de Inversiones, varias Universidades Nacionales, el Consejo Nacional de la Mujer, las Cámaras de Diputados y de Senadores de la provincia de Mendoza, los Ministerios de Salud de las provincias de Catamarca, Santa Fe y La Rioja y la Municipalidad de Mendoza. Responsable del Programa de Salud Reproductiva de Mendoza desde 2000 hasta 2007.

Lucía Ariza

Licenciada en Sociología en la Universidad de Buenos Aires. Ha sido becaria del CONICET con sede en el Centro de Estudios de Población (CENEP) y docente en la Carrera de Sociología de la Universidad de Buenos Aires. Actualmente es Maestranda en Sociología de la Cultura y Análisis Cultural (IDAES-UNSAM) y Doctoranda en Sociología en Goldsmiths, University of London.

Josefina Brown

Doctora en Ciencias Sociales por la Universidad de Buenos Aires (UBA) y Magíster en Ciencia Política y Sociología (FLACSO), es profesora de Psicología Social en la UBA y becaria posdoctoral del CONICET con sede en el Instituto de Investigaciones Gino Germani. Investiga sobre temas de sexualidades, salud, ciudadanía y derechos humanos. Ha participado de numerosos congresos, jornadas y seminarios y publicado artículos en revistas nacionales e internacionales vinculados con sus temas de investigación: mujeres y feminismos, sexualidades, ciudadanía y derechos humanos, aborto y derechos sexuales y (no) reproductivos.

María Epele

Licenciada en Antropología y Doctora de la Facultad de Ciencias Naturales y Museo (UNLP). Hizo un Postdoctorado en el Department of Anthropology, University of California, Berkeley. Investigadora del CONICET con sede en el Instituto Gino Germani y profesora adjunta de la UBA y de Posgrado/Doctorado de Universidades Nacionales. Ha participado de publicaciones nacionales e internacionales en el campo de la Antropología y Salud. Es evaluadora de publicaciones nacionales e internacionales y de proyectos de investigación (CONICET, Universidades).

Leandro Luciani Conde

Es Licenciado en Psicología (UBA), Magíster en Salud Pública (UBA). Cursante del Doctorado en Ciencias Sociales (UBA), Director del Proyecto de Investigación: "Protección integral y políticas públicas de infancia y adolescencia: el derecho a la salud de niñas/os y adolescentes en situación de desamparo social y desafiliación social de la Ciudad de Buenos Aires" (UBACyT 029). Programación científica 2004-2008. Secretaría de Ciencia y Técnica-UBA. Docente e investigador de la IIº Cátedra de Salud Pública Salud Mental, Facultad de Psicología (UBA). Coordinador Técnico del Departamento de Salud Comunitaria, Universidad Nacional de Lanús.

Silvia Mario

Politóloga (UBA) y Magíster en Economía de Gobierno (ITDT-ISEG). Especialista en demografía y docente de la Maestría en Diseño y Gestión de Políticas y Programas Sociales (FLACSO). Con vasta experiencia en la producción de información cuantitativa y el desarrollo de indicadores sociodemográficos, se desempeñó en el Instituto Nacional de Estadística y Censos, el Consejo Nacional de la Mujer. Recientemente, ha participado desde el CENEP en la estimación del número de abortos en la Argentina mediante técnicas indirectas, y en el análisis y procesamiento del módulo de salud sexual y reproductiva de la Encuesta Nacional de Nutrición y Salud. En la actualidad, se dedica a investigar temas de salud y salud sexual y reproductiva en el Instituto Gino Germani.

Mario Pecheny

Doctor en Ciencia Política por la Universidad de París III. Profesor de Ciencia Política y Filosofía y Métodos de las Ciencias Sociales (UBA) e Investigador del CONICET en el Instituto Gino Germani, investigador visitante en CEDES. Trabaja sobre temas de derechos humanos, salud y sexualidad. Publicó, junto a otros autores, los libros: *Todo sexo es político-Estudios sobre sexualidades en Argentina; Argentina: Derechos humanos y sexualidad; La dinámica de la democracia-Representación, instituciones y ciudadanía en Argentina; Sexualidad, estigma y derechos humanos-Desafíos para el acceso a la salud en América Latina; Ciudadanía sexual en América Latina-Abriendo el debate, SIDA y sexo entre hombres en América Latina y el Caribe; Gays y lesbianas-Formación de la identidad y derechos humanos.*

María Cecilia Tamburrino
Licenciada en Sociología (UBA). Actualmente, es doctoranda en Ciencias Sociales en la misma universidad y becaria del CONICET con sede en el Instituto de Investigaciones Gino Germani. Es profesora de la Facultad de Ciencias Sociales (UBA). Ha participado en diversos proyectos de investigación relativos a salud, salud mental, discapacidad, sexualidad, y género financiados por la UBA, el Fondo Mundial de Lucha contra el SIDA, la Tuberculosis y la Malaria, Ministerio de Salud de la Nación, la Secretaría de Programación para la Prevención de la Drogadicción y la Lucha contra el Narcotráfico (SEDRONAR), entre otros.

10. CUADROS

Cuadro 1.1

Población de 15 a 50 años. Conocimiento de métodos anticonceptivos (respuesta espontánea y múltiple) (Encuesta ACE 2007)

Conocimiento de métodos anticonceptivos	%
Al menos un método	97,7
Preservativo masculino	91,6
Píldoras	86,4
DIU	60,8
Inyección	27,0
Diafragma	21,1
Vasectomía	20,7
Esterilización femenina	14,9
Yuyos o hierbas	14,0
Parche	13,8
Preservativo femenino	13,4
Método de Billings	12,5
Anticoncepción de emergencia	9,3
Retiro	6,2
Métodos vaginales (espumas, esponjas y jaleas)	6,1
Otros	2,2
n	1219

Cuadro 1.2

Población de 15 a 50 años. Conocimiento de métodos anticonceptivos por sexo (respuesta espontánea y múltiple) (Encuesta ACE 2007)

Conocimiento de métodos anticonceptivos	Sexo	
	Varón %	Mujer %
Al menos un método	96,4	99,0
Preservativo masculino	95,5	87,8
Píldoras	80,0	92,6
DIU	46,6	74,5
Inyección	13,2	40,4
Diafragma	17,0	25,0
Vasectomía	13,0	15,0
Esterilización femenina	10,1	19,4
Yuyos o hierbas	5,7	7,9
Parche	7,9	14,5
Preservativo femenino	8,4	18,3
Método de Billings	7,0	17,8
Anticoncepción de emergencia	7,5	12,0
Retiro	5,5	6,9
Métodos vaginales (espumas, esponjas y jaleas)	2,7	9,4
Otros	1,2	3,1
n	606	613

Cuadro 1.3

Población de 15 a 50 años. Conocimiento de métodos anticonceptivos por grupo de edad (respuesta espontánea y múltiple) (Encuesta ACE 2007)

Conocimiento de métodos anticonceptivos	Grupo de edad			
	15 a 19 %	20 a 29 %	30 a 39 %	40 a 49 %
Al menos un método	96,6	97,7	99,4	97,1
Preservativo masculino	89,4	90,2	90,4	87,4
Píldoras	75,4	87,9	85,4	83,8
DIU	43,0	61,2	64,2	61,4
Inyección	14,0	24,3	31,0	32,1
Diafragma	14,5	15,2	24,8	27,8
Vasectomía	19,0	18,0	22,4	21,7
Esterilización femenina	10,6	13,1	17,6	15,5
Yuyos o hierbas	10,6	12,9	13,7	17,0
Parche	13,4	16,1	13,1	9,7
Preservativo femenino	15,1	14,0	13,4	10,1
Método de Billings	7,8	8,6	14,3	18,1
Anticoncepción de emergencia	10,6	10,5	9,0	6,1
Retiro	3,9	4,7	7,8	7,6
Métodos vaginales (espumas, esponjas y jaleas)	1,7	6,1	7,5	6,9
Otros	0,6	2,1	2,4	2,9
n	179	428	335	277

Cuadro 1.4

Población de 15 a 50 años. Conocimiento de métodos anticonceptivos por máximo nivel de instrucción alcanzado (respuesta espontánea y múltiple) (Encuesta ACE 2007)

Conocimiento de métodos anticonceptivos	Máximo nivel de instrucción alcanzado			
	Hasta primario completo %	Secundario incompleto %	Secundario completo %	Superior %
Al menos un método	95,5	96,7	98,2	99,7
Preservativo masculino	85,4	92,4	89,5	95,0
Píldoras	74,9	82,8	90,7	91,3
DIU	36,8	49,7	63,0	78,5
Inyección	22,2	23,4	28,9	31,6
Diafragma	9,4	14,8	23,2	30,2
Vasectomía	6,4	9,0	14,5	22,6
Esterilización femenina	9,4	9,3	14,8	22,6
Yuyos o hierbas	3,5	2,8	7,2	11,2
Parche	4,1	8,3	10,5	17,9
Preservativo femenino	4,7	9,7	11,1	23,5
Método de Billings	7,0	8,6	11,4	19,0
Anticoncepción de emergencia	5,3	7,9	7,8	15,6
Retiro	2,3	2,1	6,9	10,6
Métodos vaginales (espumas, esponjas y jaleas)	2,9	2,1	5,1	11,5
Otros	1,8	0,7	1,8	4,2
n(*)	179	300	338	359

(*) Se excluyen 43 casos con no respuesta en la variable máximo nivel de instrucción alcanzado

Cuadro 1.5

Población de 15 a 50 años. Conocimiento de métodos anticonceptivos por estrato socioeconómico (respuesta espontánea y múltiple) (Encuesta ACE 2007)

Conocimiento de métodos anticonceptivos	Estrato socioeconómico		
	Bajo %	Medio %	Alto %
Al menos un método	95,6	98,8	100,0
Preservativo masculino	88,8	92,9	95,7
Píldoras	82,1	88,4	92,4
DIU	50,7	66,4	68,5
Inyección	26,8	27,0	28,3
Diafragma	12,8	25,9	25,0
Vasectomía	7,6	16,9	23,9
Esterilización femenina	10,1	16,3	27,2
Yuyos o hierbas	4,6	7,7	10,9
Parche	8,3	12,5	16,3
Preservativo femenino	8,0	14,9	28,3
Método de Billings	6,9	16,0	14,1
Anticoncepción de emergencia	8,0	10,1	16,3
Retiro	3,4	7,4	10,9
Métodos vaginales (espumas, esponjas y jaleas)	3,9	7,5	6,5
Otros	1,4	2,7	2,2
n	456	671	92

Cuadro 1.6

Población de 15 a 50 años que conoce al menos un método anticonceptivo. Fuente de información sobre métodos anticonceptivos (respuesta múltiple) (Encuesta ACE 2007)

Lugar donde recibió información	%
Servicios de salud	45,9
Hospital público	15,9
Centro de salud	11,3
Consultorio privado	13,7
Servicios de obra social	5,0
Colegio, escuela o universidad	39,8
Amigos/as	35,3
Familiares	30,1
Medios de comunicación	27,7
Pareja	9,3
Otros	5,9
NS/NC	1,3
n	1191

Cuadro 1.7

Población de 15 a 50 años que conoce al menos un método anticonceptivo. Fuente de información sobre métodos anticonceptivos (respuesta múltiple) por sexo (Encuesta ACE 2007)

Lugar donde recibió información	Sexo	
	Varón %	Mujer %
Servicios de salud	25,3	65,6
Hospital público	12,2	19,4
Centro de salud	6,7	15,7
Consultorio privado	4,5	22,6
Servicios de obra social	1,9	7,9
Colegio, escuela o universidad	40,4	39,2
Amigos/as	42,1	28,7
Familiares	26,4	33,6
Medios de comunicación	33,6	22,1
Pareja	10,8	7,9
Otros	8,6	3,3
NS/NC	1,4	1,2
n	584	607

Cuadro 1.8

Población de 15 a 50 años que conoce al menos un método anticonceptivo. Fuente de información sobre métodos anticonceptivos (respuesta múltiple) por grupo de edad (Encuesta ACE 2007)

Lugar donde recibió información	Grupo de edad			
	15 a 19%	20 a 29%	30 a 39%	40 a 50%
Servicios de salud	19,9	39,5	56,8	58,4
Hospital público	7,6	13,4	21,3	18,2
Centro de salud	7,6	11,7	13,2	10,4
Consultorio privado	4,1	9,8	15,3	23,8
Servicios de obra social	0,6	4,5	6,9	5,9
Colegio, escuela o universidad	65,5	49,0	31,8	19,0
Amigos/as	40,9	33,5	36,9	32,3
Familiares	41,5	35,2	24,6	21,6
Medios de comunicación	21,6	26,1	28,2	33,5
Pareja	2,9	7,7	10,5	14,5
Otros	1,8	6,9	6,3	6,3
NS/NC	0,0	1,4	1,2	1,9
n	171	418	333	269

Cuadro 1.9

Población de 15 a 50 años que conoce al menos un método anticonceptivo. Fuente de información sobre métodos anticonceptivos (respuesta múltiple) por máximo nivel de instrucción alcanzado(Encuesta ACE 2007)

Lugar donde recibió información	Máximo nivel de instrucción alcanzado			
	Hasta primario completo %	Secundario incompleto %	Secundario completo %	Superior %
Servicios de salud	45,7	39,7	49,1	48,3
Hospital público	19,3	15,2	18,7	12,3
Centro de salud	21,1	12,1	10,8	5,6
Consultorio privado	4,1	8,6	15,1	22,3
Servicios de obra social	1,2	3,8	4,5	8,1
Colegio, escuela o universidad	17,0	41,4	37,7	51,4
Amigos/as	32,2	32,8	36,4	38,5
Familiares	22,8	28,6	31,9	33,5
Medios de comunicación	27,5	22,4	27,1	33,2
Pareja	5,3	7,6	9,6	12,3
Otros	5,3	4,8	5,1	7,3
NS/NC	1,8	1,0	2,4	0,3
n(*)	171	290	332	358

(*) Se excluyen 40 casos con no respuesta en la variable máximo nivel de instrucción alcanzado

Cuadro 1.10

Población de 15 a 50 años que conoce al menos un método anticonceptivo. Fuente de información sobre métodos anticonceptivos (respuesta múltiple) por estrato socioeconómico (Encuesta ACE 2007)

Lugar donde recibió información	Estrato socioeconómico		
	Bajo %	Medio %	Alto %
Servicios de salud	46,3	45,5	44,6
Hospital público	19,5	14,3	9,8
Servicios de obra social	2,5	6,2	7,6
Centro de salud	17,4	8,3	3,3
Consultorio privado	6,9	16,7	23,9
Colegio/escuela/universidad	31,7	44,0	47,8
Familiares	26,4	31,1	40,2
Amigos/as	30,5	37,9	39,1
Medios de comunicación	22,0	30,8	32,6
Pareja	7,3	10,1	13,0
Otros	5,7	6,3	3,3
NS/NC	1,8	0,8	2,2
n	436	663	92

Cuadro 2.1

Población de 15-50 años sexualmente iniciada. Porcentaje que ha utilizado alguna vez algún método anticonceptivo, por características seleccionadas (Encuesta ACE 2007)

Características seleccionadas	%	n
Total (sexualmente iniciados)	91,9	1144
Sexo		
Varón	92,1	573
Mujer	91,6	571
Grupo de edad		
15 a 19	92,2	115
20 a 29	94,5	418
30 a 39	94,9	335
40 a 50	84,1	276
Máximo nivel de instrucción alcanzado(*)		
Hasta primario completo	85,4	171
Secundario incompleto	88,0	249
Secundario completo	94,9	332
Superior	96,3	349
Estrato socioeconómico		
Bajo	86,5	431
Medio	94,9	633
Alto	96,3	80

(*) Se excluyen 43 casos con no respuesta en la variable máximo nivel de instrucción alcanzado

Cuadro 2.2

Población de 15 a 50 años sexualmente iniciada. Edad media y edad mediana a la primera relación sexual y al uso de métodos anticonceptivos por primera vez según características seleccionadas (Encuesta ACE 2007)

Características seleccionadas	Edad en años			
	A la primera relación sexual		Al uso de MAC por primera vez	
	Media	Mediana	Media	Mediana
Total (sexualmente iniciados)	16,8	16,0	18,2	17,0
Sexo				
Varón	15,8	16,0	17,2	16,0
Mujer	17,9	18,0	19,3	18,0
Grupo de edad				
15 a 19	15,4	15,0	15,6	15,0
20 a 29	16,4	16,0	17,3	17,0
30 a 39	17,2	17,0	18,5	18,0
40 a 50	17,6	17,0	20,7	20,0
Máximo nivel de instrucción alcanzado				
Hasta primario completo	16,0	16,0	18,4	17,0
Secundario incompleto	16,1	16,0	17,2	17,0
Secundario completo	16,8	16,0	18,0	17,0
Superior	17,9	17,0	19,0	18,0
Estrato socioeconómico				
Bajo	16,4	16,0	18,1	17,0
Medio	16,9	16,0	18,3	17,0
Alto	18,1	17,0	18,7	18,0

Cuadro 3.1

Población de 15 a 50 años sexualmente activa durante el último año. Porcentaje que usa métodos anticonceptivos según características seleccionadas (Encuesta ACE 2007)

Características seleccionadas	%	n
Total (sexualmente activos)	81,4	1081
Sexo		
Varón	82,8	551
Mujer	80,0	530
Grupo de edad		
15 a 19	85,2	108
20 a 29	85,6	396
30 a 39	85,4	321
40 a 50	68,4	256
Máximo nivel de instrucción alcanzado(*)		
Hasta primario completo	69,2	159
Secundario incompleto	74,4	238
Secundario completo	86,2	312
Superior	88,1	335
Estrato socioeconómico		
Bajo	75,5	400
Medio	84,7	606
Alto	85,3	75

(*) Se excluyen 37 casos con no respuesta en la variable máximo nivel de instrucción alcanzado.

Cuadro 3.2

Población de 15 a 50 años usuaria actual de métodos anticonceptivos según tipo de método utilizado principalmente (Encuesta ACE 2007)

Método anticonceptivo principalmente utilizado	%
Preservativo	55,3
Píldoras	27,7
DIU	7,4
Método de Billings	2,8
Inyección	1,8
Retiro	1,8
Esterilización femenina	1,7
Vasectomía	0,5
Diafragma	0,2
Anticoncepción de emergencia	0,2
Otros	0,5
Total	100,0
n	880

Cuadro 3.3

Población de 15 a 50 años usuaria actual de métodos anticonceptivos según tipo de método utilizado principalmente por sexo (Encuesta ACE 2007)

Método anticonceptivo principalmente utilizado	Sexo	
	Varón %	Mujer %
Preservativo o condón masculino	66,7	43,2
Píldoras	23,0	32,8
DIU	5,0	9,9
Método de Billings	1,3	4,5
Inyección	0,9	2,8
Esterilización femenina	0,9	2,6
Retiro	0,9	2,8
Vasectomía	0,4	0,5
Anticoncepción de emergencia	0,4	0,0
Diafragma	0,2	0,2
Otros	0,2	0,7
Total	100,0	100,0
n	456	424

Cuadro 3.4

Población de 15 a 50 años usuaria actual de métodos anticonceptivos según tipo de método utilizado principalmente por grupo de edad (Encuesta ACE 2007)

Método anticonceptivo principalmente utilizado	Grupo de edad			
	15 a 19 %	20 a 29 %	30 a 39 %	40 a 50 %
Preservativo	87,0	55,8	48,5	48,6
Píldoras	9,8	35,4	29,6	19,4
DIU	1,1	4,1	11,7	10,3
Método de Billings	1,1	1,2	3,3	6,3
Inyección	1,1	1,8	1,8	2,3
Esterilización femenina	-	-	2,6	4,6
Retiro	-	0,9	1,8	4,6
Vasectomía	-	-	0,4	1,7
Diafragma	-	-	-	1,1
Anticoncepción de emergencia	-	0,6	-	-
Otros	-	0,3	0,4	1,1
Total	100,0	100,0	100,0	100,0
n	92	339	274	175

Cuadro 3.5

Población de 15 a 50 años usuaria actual de métodos anticonceptivos según tipo de método utilizado principalmente por máximo nivel de instrucción alcanzado (Encuesta ACE 2007)

Método anticonceptivo principalmente utilizado	Máximo nivel de instrucción alcanzado(*)			
	Hasta primario completo %	Secundario incompleto %	Secundario completo %	Superior %
Preservativo	45,5	62,7	55,4	53,6
Píldoras	32,7	20,3	27,5	31,9
DIU	13,6	6,8	8,6	4,4
Método de Billings	-	3,4	2,6	3,4
Retiro	1,8	1,7	2,2	1,4
Inyección	2,7	2,3	1,9	1,4
Vasectomía	-	-	-	1,4
Esterilización femenina	2,7	2,3	1,5	1,0
Diafragma	-	-	-	0,7
Anticoncepción de emergencia	-	0,6	0,4	0,3
Otros	0,9	-	-	0,7
Total	100,0	100,0	100,0	100,0
n	110	177	269	295

(*) Se excluyen 29 casos con no respuesta en la variable máximo nivel de instrucción alcanzado.

Cuadro 3.6

Población de 15 a 50 años usuaria actual de métodos anticonceptivos según tipo de método utilizado principalmente por estrato socioeconómico (Encuesta ACE 2007)

Método anticonceptivo principalmente utilizado	Estrato socioeconómico		
	Bajo %	Medio %	Alto %
Preservativo	52,8	56,5	57,8
Píldoras	29,4	27,9	18,8
DIU	9,2	5,8	10,9
Método de Billings	2,0	2,7	7,8
Retiro	1,3	2,3	-
Inyección	2,3	1,6	1,6
Esterilización femenina	2,3	1,6	-
Vasectomía	-	0,6	1,6
Diafragma	-	0,4	-
Anticoncepción de emergencia	-	0,2	1,6
Otros	0,7	0,4	-
Total	100,0	100,0	100,0
n	303	513	64

Cuadro 3.7

Población de 15 a 50 años usuaria actual de métodos anticonceptivos según motivo de elección de método utilizado principalmente (Encuesta ACE 2007)

Motivo	%
Es más efectivo	40,5
Es más cómodo	15,6
No daña la salud	12,7
Para prevenir el VIH/sida	11,6
Se lo indicó el médico	8,3
Cuestiones relativas a la pareja	4,7
Es más barato o gratuito	2,7
Otros	3,4
NS/NC	0,5
n	880

Cuadro 3.8

Población de 15 a 50 años usuaria actual de métodos anticonceptivos según motivo de elección de método utilizado principalmente por sexo (Encuesta ACE 2007)

Motivo de uso del método anticonceptivo elegido	Sexo	
	Varón %	Mujer %
Es más efectivo	41,9	38,9
Es más cómodo	18,2	12,7
No daña la salud	8,8	16,5
Para prevenir el VIH/sida	13,8	7,5
Se lo indicó el médico	4,6	12,3
Cuestiones relativas a la pareja	3,5	5,2
Es más barato o gratuito	3,1	2,4
Otros	5,7	4,0
NS/NC	0,4	0,5
n	456	424

Cuadro 3.9.

Población de 15 a 50 años usuaria actual de métodos anticonceptivos según motivo de elección de método utilizado principalmente por grupo de edad (Encuesta ACE 2007)

Motivo de uso del método anticonceptivo elegido	Grupo de edad			
	15 a 19 %	20 a 29 %	30 a 39 %	40 a 50 %
Es más efectivo	40,2	39,8	43,8	36,6
Es más cómodo	5,4	18,9	14,6	16,0
No daña la salud	15,2	8,3	15,0	15,4
Para prevenir el VIH/sida	25,0	11,2	6,6	9,1
Es más barato o gratuito	4,3	2,7	3,3	1,1
Se lo indicó el médico	3,3	8,6	8,0	10,9
Cuestiones relativas a la pareja	3,3	4,1	3,6	6,3
Otros	3,3	5,6	5,1	4,0
NS/NC	-	0,9	-	0,6
Total	100,0	100,0	100,0	100,0
n	92	339	274	175

Cuadro 3.10

Población de 15 a 50 años usuaria actual de métodos anticonceptivos según motivo de elección de método utilizado principalmente por máximo nivel de instrucción alcanzado (Encuesta ACE 2007)

Motivo de uso del método anticonceptivo elegido	Máximo nivel de instrucción alcanzado(*)			
	Hasta primario completo %	Secundario incompleto %	Secundario completo %	Superior %
Es más efectivo	47,3	39,0	42,8	37,3
Es más cómodo	17,3	10,7	16,0	16,9
No daña la salud	7,3	9,6	12,3	15,9
Para prevenir el VIH/sida	10,0	14,7	10,8	9,2
Se lo indicó el médico	8,2	7,9	6,3	10,8
Cuestiones relativas a la pareja	2,7	6,2	4,5	3,7
Es más barato o gratuito	3,6	4,5	1,9	2,0
Otros	2,7	6,2	5,2	4,1
NS/NC	0,9	1,1	0,4	0,0
n	110	177	269	295

(*) Se excluyen 29 casos con no respuesta en la variable máximo nivel de instrucción alcanzado.

Cuadro 3.11

Población de 15 a 50 años usuaria actual de métodos anticonceptivos según motivo de elección de método utilizado principalmente por estrato socioeconómico (Encuesta ACE 2007)

Motivo de uso del método anticonceptivo elegido	Estrato socioeconómico		
	Bajo %	Medio %	Alto %
Es más efectivo	43,2	39,6	34,4
Es más cómodo	13,5	16,6	17,2
No daña la salud	9,9	13,1	20,3
Para prevenir el VIH/sida	11,9	10,7	6,3
Se lo indicó el médico	7,9	8,4	9,4
Cuestiones relativas a la pareja	4,3	4,5	3,1
Es más barato o gratuito	3,6	2,1	3,1
Otros	5,0	4,7	6,3
NS/NC	0,7	0,4	-
n	303	513	64

Cuadro 3.12

Población de 15 a 50 años usuaria actual de métodos anticonceptivos según lugar de obtención del método utilizado principalmente (Encuesta ACE 2007)

Lugar de obtención	%
Farmacia	41,4
Servicios de salud	26,7
Hospital Público	7,3
Centro de Salud / Salita	7,6
Consultorio Privado	7,4
Servicios de Obra Social	4,4
Kiosco	23,0
Otros	3,2
No aplica	4,8
NS/NC	1,0
n	880

Cuadro 3.13

Población de 15 a 50 años usuaria actual de métodos anticonceptivos según lugar de obtención del método utilizado principalmente por tipo de MAC (Encuesta ACE 2007)

Lugar donde recibió el método anticonceptivo	MAC	
	Preservativo %	Demás métodos %
Farmacia	47,4	33,8
Servicios de salud	7,8	50,1
Hospital Público	2,1	13,7
Centro de Salud / Salita	4,3	11,7
Consultorio Privado	0,6	15,8
Servicios de Obra Social	0,8	8,9
Kiosco	39,8	2,0
Otros	2,9	3,6
No aplica	-	8,9
NS/NC	0,6	1,5
n	487	393

Cuadro 3.14

Población de 15 a 50 años usuaria actual de métodos anticonceptivos según lugar de obtención del método utilizado principalmente por sexo (Encuesta ACE 2007)

Lugar donde recibió el método anticonceptivo	Sexo	
	Varón %	Mujer %
Farmacia	41,2	41,5
Servicios de salud	20,4	33,5
Hospital Público	6,8	7,8
Centro de Salud / Salita	6,6	8,7
Consultorio Privado	5,0	9,9
Servicios de Obra Social	2,0	7,1
Kiosco	32,9	12,3
Otros	3,1	3,3
No aplica	2,0	7,8
NS/NC	0,4	1,7
n	456	424

Cuadro 3.15

Población de 15 a 50 años usuaria actual de métodos anticonceptivos según lugar de obtención del método utilizado principalmente por grupo de edad (Encuesta ACE 2007)

Lugar donde recibió el método anticonceptivo	Grupo de edad			
	15 a 19 %	20 a 29 %	30 a 39 %	40 a 50 %
Farmacia	29,3	43,7	43,1	40,6
Servicios de salud	12,0	25,4	31,1	30,3
Hospital Público	2,2	8,3	7,3	8
Centro de Salud / Salita	6,5	8	8,4	6,3
Consultorio Privado	0	5,9	8,8	12
Servicios de Obra Social	3,3	3,2	6,6	4
Kiosco	54,3	23,9	17,5	13,1
Otros	2,2	3,8	2,4	3,4
No aplica	1,1	3,2	4,4	10,3
NS/NC	1,1	-	1,5	2,3
n	92	339	274	175

Cuadro 3.16

Población de 15 a 50 años usuaria actual de métodos anticonceptivos según lugar de obtención del método utilizado principalmente por máximo nivel de instrucción alcanzado (Encuesta ACE 2007)

Lugar donde recibió el método anticonceptivo	Máximo nivel de instrucción alcanzado(*)			
	Hasta primario completo %	Secundario incompleto %	Secundario completo %	Superior %
Farmacia	30,0	31,6	44,6	49,2
Servicios de salud	41,8	26,1	26,0	22,4
Hospital Público	20,9	6,8	5,2	3,7
Centro de Salud / Salita	15,5	10,2	7,8	2,7
Consultorio Privado	1,8	6,8	7,8	10,2
Servicios de Obra Social	3,6	2,3	5,2	5,8
Kiosco	23,6	33,3	20,4	19,0
Otros	3,6	3,4	4,5	5,4
No aplica	0,9	4,5	3,3	2,7
NS/NC	0,0	1,1	1,1	1,4
N	110	177	269	295

(*) Se excluyen 29 casos con no respuesta en la variable máximo nivel de instrucción alcanzado.

Cuadro 3.17

Población de 15 a 50 años usuaria actual de métodos anticonceptivos según lugar de obtención del método utilizado principalmente por estrato socioeconómico (Encuesta ACE 2007)

Lugar donde recibió el método anticonceptivo	Estrato socioeconómico		
	Bajo %	Medio %	Alto %
Farmacia	33,7	45,4	45,3
Servicios de salud	35,4	22,1	23,5
Hospital Público	14,2	3,9	1,6
Centro de Salud / Salita	13,9	4,9	-
Consultorio Privado	4,3	8,4	14,1
Servicios de Obra Social	3,0	4,9	7,8
Kiosco	24,8	22,0	21,9
Otros	2,3	3,9	1,6
No aplica	3,6	5,3	6,3
NS/NC	0,3	1,4	1,6
n	303	513	64

Cuadro 3.18

Población de 15 a 50 años usuaria actual de métodos anticonceptivos por gratuidad del método utilizado principalmente según características seleccionadas (Encuesta ACE 2007)

Características seleccionadas	Gratuidad del MAC utilizado	
	%	n
Total (usuarios/as de MAC) (*)	22,1	838
Tipo de MAC		
Preservativo	12,7	487
Demás métodos	33,8	351
Sexo		
Varón	20,8	447
Mujer	23,7	391
Grupo de edad		
15 a 19	15,4	91
20 a 29	25,9	328
30 a 39	20,6	262
40 a 50	18,5	157
Máximo nivel de instrucción alcanzado(**)		
Hasta primario completo	38,7	106
Secundario incompleto	22,8	171
Secundario completo	21,1	257
Superior	15,3	279
Estrato socioeconómico		
Bajo	33,3	292
Medio	16,4	486
Alto	13,6	60

(*) Se excluyen 42 casos que utilizan métodos que no se adquieren.
(**) Se excluyen 25 casos con no respuesta en la variable máximo nivel de instrucción alcanzado.

Cuadro 4.1

Personas activas sexualmente durante el último año que no usaron métodos anticonceptivos según motivos de no uso (Encuesta ACE 2007)

Motivo	%
Desea embarazo	29,9
Menopausia	6,5
Estéril/no puedo quedar embarazada	6,0
No aceptación de la pareja	3,0
Posparto o amamantamiento	2,5
Le hicieron daño	1,0
No tiene dinero para comprar	0,5
Falta de conocimiento de métodos	0,5
Otros	10,0
NS/NC	40,3
n	201

Cuadro 4.2.

Personas activas sexualmente durante el último año que no usaron métodos anticonceptivos según disposición a usarlos en el futuro (Encuesta ACE 2007)

Disposición a usar MAC en el futuro	Porcentaje
Sí	14,4
No	13,4
No aplica	12,9
NS/NC	59,2
n	201

Cuadro 4.3

Población de 15 a 50 años. Métodos anticonceptivos que nunca usaría (respuesta abierta y múltiple) según tipo de método por sexo (Encuesta ACE 2007)

Método(s) que nunca usaría	Total %	Varón %	Mujer %
No existe un método que nunca usaría	38,7	48,3	29,2
No usaría:			
DIU	31,5	17,6	39,7
Píldora	21,1	21,0	21,2
Esterilización femenina	21,5	12,2	26,9
Inyección	19,2	10,2	24,4
Yuyos	16,7	5,9	22,9
Vasectomía	16,1	24,9	11,0
Diafragma	12,7	3,9	17,8
Método de Billings	12,5	5,4	16,7
Métodos vaginales	11,8	3,9	16,4
Retiro	7,5	7,3	7,6
Parche	6,8	2,0	9,6
Anticoncepción de emergencia	6,6	5,4	7,4
Preservativo femenino	6,3	2,9	8,2
Los que no conoce	5,0	4,4	5,4
Preservativo	3,2	2,0	4,0
n	1219	606	613

Cuadro 4.4

Población de 15 a 50 años. Métodos anticonceptivos que nunca usaría (respuesta abierta y múltiple) según tipo de método por grupo de edad (Encuesta ACE 2007)

Método(s) que nunca usaría	Grupo de edad			
	15 a 19 %	20 a 29 %	30 a 39 %	40 a 50 %
No existe un método que nunca usaría	41,3	38,3	37,0	39,7
No usaría:				
DIU	37,1	29,8	32,6	30,2
Píldora	24,2	18,0	22,9	22,4
Esterilización femenina	35,5	22,0	19,4	16,4
Inyección	16,1	21,0	17,1	20,7
Yuyos	17,7	18,5	12,6	19,0
Vasectomía	19,4	14,6	15,4	18,1
Diafragma	12,9	12,2	13,1	12,9
Método de Billings	12,9	15,1	10,9	10,3
Métodos vaginales	16,1	13,7	9,7	9,5
Retiro	8,1	8,8	6,9	6,0
Parche	8,1	7,3	5,7	6,9
Anticoncepción de emergencia	3,2	6,8	7,4	6,9
Preservativo femenino	16,1	4,4	5,7	5,2
Los que no conoce	8,1	4,9	4,6	4,3
Preservativo	0,0	3,4	2,9	5,2
n	179	428	335	277

Cuadro 4.5

Población de 15 a 50 años. Métodos anticonceptivos que nunca usaría (respuesta abierta y múltiple) según tipo de método por máximo nivel de instrucción alcanzado (Encuesta ACE 2007)

Método(s) que nunca usaría	Máximo nivel de instrucción alcanzado(*)			
	Hasta primario completo %	Secundario incompleto %	Secundario completo %	Superior %
No existe un método que nunca usaría	40,8	38,0	44,1	32,3
No usaría:				
DIU	29,0	32,2	34,4	30,8
Píldora	30,4	26,4	21,9	14,9
Esterilización femenina	7,2	24,0	20,5	27,4
Inyección	18,8	17,4	23,8	17,9
Yuyos	10,1	16,5	13,9	22,4
Vasectomía	15,9	12,4	14,6	17,4
Diafragma	2,9	12,4	12,6	17,4
Método de Billings	8,7	9,9	11,3	16,9
Métodos vaginales	5,8	11,6	6,6	18,9
Retiro	7,2	5,0	7,3	9,5
Parche	4,3	10,7	4,0	8,0
Anticoncepción de emergencia	4,3	7,4	6,0	7,0
Preservativo femenino	2,9	11,6	3,3	6,0
Los que no conoce	1,4	5,8	2,0	8,0
Preservativo	2,9	4,1	2,0	4,0
n	179	300	338	359

(*) Se excluyen 43 casos con no respuesta en la variable máximo nivel de instrucción alcanzado.

Cuadro 4.6

Población de 15 a 50 años. Métodos anticonceptivos que nunca usaría (respuesta abierta y múltiple) según tipo de método por estrato socioeconómico (Encuesta ACE 2007)

Método(s) que nunca usaría	Estrato socioeconómico		
	Bajo %	Medio %	Alto %
No existe un método que nunca usaría	39,3	38,3	39,1
No usaría:			
DIU	29,7	32,1	35,7
Píldora	26,2	18,4	19,0
Esterilización femenina	12,8	24,3	40,5
Inyección	16,9	20,9	16,7
Yuyos	9,7	19,9	23,8
Vasectomía	13,8	17,1	19,0
Diafragma	7,2	15,6	16,7
Método de Billings	9,7	13,4	19,0
Métodos vaginales	4,1	15,6	19,0
Retiro	6,2	7,5	14,3
Parche	2,6	9,7	4,8
Anticoncepción de emergencia	5,1	7,8	4,8
Preservativo femenino	6,2	5,9	9,5
Los que no conoce	3,1	4,4	19,0
Preservativo	2,6	3,4	4,8
n	456	671	92

Cuadro 5.1

Población de 15 a 50 años. Conocimiento acerca de la posibilidad de evitar un posible embarazo luego de una relación sexual según características seleccionadas (Encuesta ACE 2007)

Características seleccionadas	Posibilidad de evitar embarazo a posteriori de una relación sexual			
	Sí %	No %	NS/NC %	Total (n)
Total (*)	51,7	41,3	7,0	100,0 (1202)
Sexo				
Varón	52,6	41,0	6,4	100,0 (597)
Mujer	50,7	41,7	7,6	100,0 (605)
Grupo de edad				
15 a 19	49,7	40,7	9,6	100,0 (177)
20 a 29	57,2	38,6	4,2	100,0 (428)
30 a 39	47,9	47,6	4,5	100,0 (332)
40 a 50	48,7	38,5	12,8	100,0 (265)
Nivel de instrucción alcanzado(**)				
Hasta primario completo	38,1	53,4	8,5	100,0 (176)
Secundario incompleto	45,9	46,3	7,8	100,0 (294)
Secundario completo	52,7	38,9	8,4	100,0 (334)
Superior	62,1	34,0	3,9	100,0 (356)
Estrato socioeconómico				
Bajo	43,6	50,2	6,2	100,0 (450)
Medio	56,4	35,7	7,8	100,0 (663)
Alto	57,3	38,2	4,5	100,0 (89)

(*) Se excluyen 17 casos con no respuesta en la variable conocimiento acerca de la posibilidad de evitar un posible embarazo luego de una relación sexual
(**) Se excluyen 42 casos con no respuesta en la variable máximo nivel de instrucción alcanzado.

Cuadro 5.2

Personas que declaran conocer qué hacer luego de una relación sexual para evitar un embarazo. Distribución de las acciones mencionadas (Encuesta ACE 2007)

Acciones	Menciones %
Tomar la pastilla del día después/ de anticoncepción de emergencia	33,5
Hacer un test de embarazo y esperar	24,8
Abortar	24,8
Tomar la pastilla *Dosdías*	18,8
Hacer un test de embarazo y tomar pastilla del día después	7,4
Otros	6,8
Tomar pastillas anticonceptivas en las dosis de siempre	4,0
Colocar un DIU	0,2
NS/NC	1,4
n	621

Cuadro 5.3

Personas que declaran conocer qué hacer luego de una relación sexual para evitar un embarazo. Distribución de las acciones mencionadas por sexo (Encuesta ACE 2007)

Acciones	Sexo	
	Varón %	Mujer %
Tomar la pastilla del día después/ de anticoncepción de emergencia	26,4	40,7
Hacer un test de embarazo y esperar	22,3	27,4
Abortar	35,0	14,3
Tomar la pastilla *Dosdías*	21,7	16,0
Hacer un test de embarazo y tomar pastilla del día después	6,7	8,1
Otros	5,1	8,5
Tomar pastillas anticonceptivas en las dosis de siempre	5,4	2,6
Colocar un DIU	-	0,3
NS/NC	1,3	1,6
n	314	307

Cuadro 5.4

Personas que declaran conocer qué hacer luego de una relación sexual para evitar un embarazo. Distribución de las acciones mencionadas por grupo de edad (Encuesta ACE 2007)

Acciones	Edad			
	15 a 19 %	20 a 29 %	30 a 39 %	40 a 50 %
Tomar la pastilla del día después/ de anticoncepción de emergencia	30,7	36,7	34,0	28,7
Hacer un test de embarazo y esperar	22,7	24,5	22,6	29,5
Abortar	31,8	19,6	25,8	28,7
Tomar la pastilla *Dosdías*	10,2	21,6	20,8	17,1
Hacer un test de embarazo y tomar pastilla del día después	11,4	7,8	6,9	4,7
Otros	3,4	3,7	10,7	10,1
Tomar pastillas anticonceptivas en las dosis de siempre	6,8	4,9	1,9	3,1
Colocar un DIU	-	-	0,6	-
NS/NC	3,4	1,2	0,6	1,6
n	88	245	159	129

Cuadro 5.5

Personas que declaran conocer qué hacer luego de una relación sexual para evitar un embarazo. Distribución de las acciones mencionadas por máximo nivel instrucción alcanzado (Encuesta ACE 2007)

Acciones	Máximo nivel de instrucción alcanzado(*)			
	Hasta primario completo %	Secundario Incompleto %	Secundario completo %	Superior %
Tomar la pastilla del día después/ de anticoncepción de emergencia	17,9	25,2	29,0	48,0
Hacer un test de embarazo y esperar	34,3	23,0	23,9	23,1
Abortar	29,9	33,3	24,4	18,1
Tomar la pastilla *Dosdías*	11,9	12,6	21,0	23,1
Hacer un test de embarazo y tomar pastilla del día después	4,5	8,1	6,8	7,2
Tomar pastillas anticonceptivas en las dosis de siempre	6,0	3,7	5,1	3,2
Otros	7,5	7,4	6,8	6,3
Colocar un DIU	-	-	-	0,5
NS/NC	3,0	1,5	2,3	0,5
n	67	135	176	221

(*) Se excluyen 22 casos con no respuesta en la variable máximo nivel de instrucción alcanzado.

Cuadro 5.6

Personas que declaran conocer qué hacer luego de una relación sexual para evitar un embarazo. Distribución de las acciones mencionadas (respuesta múltiple) por estrato socioeconómico (Encuesta ACE 2007)

Acciones	Estrato socioeconómico		
	Bajo %	Medio %	Alto %
Tomar la pastilla del día después/ de anticoncepción de emergencia	20,9	37,7	51,0
Hacer un test de embarazo y esperar	30,6	22,7	17,6
Abortar	29,1	22,2	27,5
Tomar la pastilla *Dosdías*	17,9	18,7	23,5
Hacer un test de embarazo y tomar pastilla del día después	4,1	9,4	5,9
Tomar pastillas anticonceptivas en las dosis de siempre	5,1	3,7	2,0
Otros	6,1	7,5	3,9
Colocar un DIU	-	0,3	-
NS/NC	2,0	1,3	-
n	196	374	51

Cuadro 5.7

Porcentaje de personas que conocen qué es la anticoncepción de emergencia según características seleccionadas (Encuesta ACE 2007)

Características seleccionadas	%	n
Total	65,0	1219
Sexo		
Varón	60,2	606
Mujer	69,7	613
Grupo de edad		
15 a 19	51,4	179
20 a 29	71,5	428
30 a 39	67,2	335
40 a 50	61,0	277
Máximo nivel de instrucción alcanzado(*)		
Hasta primario completo	35,2	179
Secundario incompleto	54,7	300
Secundario completo	66,9	338
Superior	87,5	359
Estrato socioeconómico		
Bajo	51,3	456
Medio	71,5	671
Alto	84,8	92

(*) Se excluyen 43 casos con no respuesta en la variable máximo nivel de instrucción alcanzado.

Cuadro 5.8

Personas que declaran conocer qué es la ACE. Porcentaje de menciones (respuesta múltiple) de las denominaciones (Encuesta ACE 2007)

Denominación del método de anticoncepción de emergencia	Menciones %
Ninguno	6,4
Pastilla del día después	85,7
Denominaciones comerciales (*)	1,5
Denominaciones no válidas	9,8
NS/NC	3,7
n	782

(*) Los entrevistados mencionan las marcas comerciales de los métodos de anticoncepción de emergencia, tales como Imediat N, Segurite, Plan B, etc.

Cuadro 5.9

Personas que declaran conocer qué es la ACE. Porcentaje de menciones (respuesta múltiple) de las denominaciones (Encuesta ACE 2007)

Características seleccionadas	Denominaciones del método de anticoncepción de emergencia					Total (n)
	Ninguno %	Pastilla del día después %	Comerciales (*) %	No válidas %	NS/NC %	
Sexo						
Varón	5,5	87,3	-	9,1	4,7	100,0 (363)
Mujer	7,2	84,2	2,9	10,5	2,9	100,0 (419)
Grupo de edad						
15 a 19	7,6	89,1	1,1	6,5	2,2	100,0 (92)
20 a 29	7,6	84,5	2,0	8,6	3,3	100,0 (304)
30 a 39	5,1	84,8	2,3	10,6	3,7	100,0 (217)
40 a 50	4,7	87,0	5,3	13,0	5,3	100,0 (169)
Máximo nivel de instrucción alcanzado(*)						
Hasta primario completo	6,5	88,7	-	4,8	3,2	100,0 (62)
Secundario incompleto	9,8	84,0	1,2	8,6	1,8	100,0 (163)
Secundario completo	5,4	83,7	0,5	10,4	5,9	100,0 (221)
Superior	5,1	87,1	2,9	11,9	3,2	100,0 (311)
Estrato socioeconómico						
Bajo	7,4	82,3	0,9	12,1	3,9	100,0 (231)
Medio	5,9	87,1	1,7	8,6	3,8	100,0 (474)
Alto	6,5	87,0	2,6	10,4	2,6	100,0 (77)

(*) Los entrevistados mencionan las marcas comerciales de los métodos de anticoncepción de emergencia, tales como Imediat N, Segurite, Plan B, etc.
(**) Se excluyen 25 casos con no respuesta en la variable máximo nivel de instrucción alcanzado.

Cuadro 5.10

Personas que declaran conocer qué es la anticoncepción de emergencia. Fuente de información sobre ACE (respuesta múltiple) (Encuesta ACE 2007)

Fuente de información	%
Amigos/as	39,5
Medios de comunicación	36,2
Escuela o Universidad	13,8
Familiares	9,6
Ginecólogo	9,5
Pareja, esposo/a	6,8
Hospital público	6,5
Consultorio privado	4,4
Centro de salud o salita	4,2
Farmacia	2,1
Servicios de la obra social	1,6
Otros	0,9
NS/NC	3,2
n	782

Cuadro 5.11

Personas que declaran conocer qué es la anticoncepción de emergencia. Fuente de información (respuesta múltiple) por sexo (Encuesta ACE 2007)

Lugar	Sexo	
	Varón %	Mujer %
Hospital público	7,1	6,0
Centro de salud/salita	3,1	5,0
Servicios de la obra social	,3	2,6
Consultorio privado	3,7	5,0
Ginecólogo	5,1	13,2
Familiares	9,3	9,9
Pareja/esposo/a	10,7	3,4
Amigos/as	41,8	37,5
Escuela/Universidad	17,5	10,6
Medios de comunicación	35,9	36,5
Farmacia	2,0	2,2
Otros	,6	1,2
NS/NC	3,1	3,4
n	363	419

Cuadro 5.12

Personas que declaran conocer qué es la anticoncepción de emergencia. Fuente de información (respuesta múltiple) por grupo de edad (Encuesta ACE 2007)

Lugar	Grupo de edad			
	15 a 19 %	20 a 29 %	30 a 39 %	40 a 50 %
Hospital público	1,1	5,7	10,4	6,0
Centro de salud/salita	4,3	4,7	2,8	4,8
Servicios de la obra social	-	2,0	1,9	1,2
Consultorio privado	-	4,0	4,7	7,1
Ginecólogo	7,6	9,4	8,1	12,5
Familiares	17,4	10,0	7,6	7,1
Pareja/esposo/a	2,2	8,7	8,1	4,2
Amigos/as	41,3	44,5	39,8	29,2
Escuela/Universidad	39,1	16,4	5,7	5,4
Medios de comunicación	18,5	33,4	36,0	51,2
Farmacia	3,3	1,7	2,8	1,2
Otros	1,1	1,0	1,4	-
NS/NC	-	4,3	3,3	3,0
n	92	304	217	169

Cuadro 5.13

Personas que declaran conocer qué es la anticoncepción de emergencia. Distribución de los lugares (respuesta múltiple) donde obtuvieron la información por máximo nivel de instrucción alcanzado (Encuesta ACE 2007)

Lugar	Máximo nivel de instrucción alcanzado(*)			
	Hasta primario completo %	Secundario Incompleto %	Secundario completo %	Superior %
Hospital público	3,3	9,8	5,0	5,9
Centro de salud/salita	8,2	4,3	4,1	3,6
Servicios de la obra social	-	0,6	2,3	2,0
Consultorio privado	4,9	2,5	3,2	6,2
Ginecólogo	3,3	4,9	12,4	11,4
Familiares	11,5	10,4	8,3	10,5
Pareja/esposo/a	3,3	6,7	6,0	7,8
Amigos/as	29,5	33,1	37,6	47,1
Escuela/Universidad	4,9	17,8	12,8	13,7
Medios de comunicación	42,6	30,7	35,8	38,2
Farmacia	4,9	2,5	3,2	0,7
Otros	-	1,8	-	0,7
NS/NC	3,3	1,2	4,1	3,3
n	62	163	221	311

(*) Se excluyen 25 casos con no respuesta en la variable máximo nivel de instrucción alcanzado.

Cuadro 5.14

Personas que declaran conocer qué es la anticoncepción de emergencia. Fuente de información (respuesta múltiple) por estrato socioeconómico (Encuesta ACE 2007)

Lugar	Estrato socioeconómico		
	Bajo %	Medio %	Alto %
Hospital público	8,8	5,1	7,8
Centro de salud/salita	7,1	3,0	2,6
Servicios de la obra social	1,3	1,9	-
Consultorio privado	2,7	4,7	7,8
Ginecólogo	6,2	10,5	13,0
Familiares	11,1	8,6	11,7
Pareja/esposo/a	3,5	8,6	5,2
Amigos/as	34,5	42,0	39,0
Escuela/Universidad	11,5	13,5	22,1
Medios de comunicación	32,7	37,7	37,7
Farmacia	3,1	1,7	1,3
Otros	1,8	0,6	-
NS/NC	3,1	3,6	1,3
n	231	474	77

Cuadro 5.15

Personas que declaran conocer qué es la anticoncepción de emergencia. Conocimientos y opiniones sobre la ACE (Encuesta ACE 2007)

Afirmaciones sobre ACE	Opinión			Total
	De acuerdo %	En des-acuerdo %	NS/NC %	
La píldora del día después o anticoncepción de emergencia...				
... actúa antes de la relación sexual.	5,2	88,2	6,5	100,0
... actúa después de la relación sexual.	91,7	3,7	4,6	100,0
... impide la fecundación (unión de óvulo y espermatozoide).	58,3	23,3	18,4	100,0
...impide la anidación del óvulo fecundado.	58,6	13,8	27,6	100,0
... es la última barrera ante una relación sexual desprotegida o cuando falló el método anticonceptivo habitual.	65,5	20,5	14,1	100,0
...puede producir malformaciones si la mujer está embarazada.	31,7	28,0	40,3	100,0
... se vende bajo receta.	25,3	55,1	19,6	100,0
... se puede conseguir fácilmente en las farmacias.	73,9	10,5	15,6	100,0
... se puede conseguir fácilmente en hospitales o centros de salud.	45,4	19,9	34,7	100,0
... sirve para interrumpir el embarazo (abortar).	57,8	30,2	12,0	100,0
... es ilegal, pero todo el mundo la consigue.	36,3	40,0	23,7	100,0
... es algo que poca gente usa.	37,6	38,1	24,3	100,0
... es algo que muchas de mis amigas y conocidas han usado.	41,7	36,8	21,5	100,0
... es más práctica que usar anticonceptivos todos los días.	15,5	72,0	12,5	100,0
... sirve para prevenirse del sida.	1,8	93,1	5,1	100,0
... es algo de lo que se habla mucho en los medios de comunicación.	33,0	58,2	8,8	100,0
... es algo de lo que se habla mucho entre las mujeres.	48,0	30,4	21,6	100,0
n				782

Cuadro 5.16

Personas que declaran conocer qué es la anticoncepción de emergencia. Conocimientos y opiniones sobre la ACE por sexo. (Encuesta ACE 2007)

Según tu opinión, la píldora del día después o anticoncepción de emergencia...		Sexo	
		Varón %	Mujer %
...actúa antes de la relación sexual	De Acuerdo	6,9	3,8
	En Desacuerdo	85,4	90,7
	NS/NC	7,7	5,5
...actúa después de la relación sexual	De Acuerdo	91,2	92,1
	En Desacuerdo	3,9	3,6
	NS/NC	5,0	4,3
...impide la fecundación (unión de óvulo y espermatozoide)	De Acuerdo	59,0	57,8
	En Desacuerdo	19,8	26,3
	NS/NC	21,2	16,0
...impide la anidación del óvulo fecundado	De Acuerdo	59,0	58,2
	En Desacuerdo	9,1	17,9
	NS/NC	32,0	23,9
...es la última barrera ante una relación sexual desprotegida o cuando falló el método anticonceptivo habitual	De Acuerdo	61,4	69,0
	En Desacuerdo	23,1	18,1
	NS/NC	15,4	12,9
...puede producir malformaciones si la mujer está embarazada	De Acuerdo	30,3	32,9
	En Desacuerdo	26,2	29,6
	NS/NC	43,5	37,5
...se vende bajo receta	De Acuerdo	22,0	28,2
	En Desacuerdo	57,9	52,7
	NS/NC	20,1	19,1
...se puede conseguir fácilmente en las farmacias	De Acuerdo	76,3	71,8
	En Desacuerdo	9,1	11,7
	NS/NC	14,6	16,5
...se puede conseguir fácilmente en hospitales o centros de salud	De Acuerdo	47,9	43,2
	En Desacuerdo	17,4	22,2
	NS/NC	34,7	34,6

...sirve para interrumpir el embarazo (abortar)	De Acuerdo	63,6	52,7
	En Desacuerdo	26,7	33,2
	NS/NC	9,6	14,1
...es ilegal, pero todo el mundo la consigue	De Acuerdo	33,1	39,1
	En Desacuerdo	45,2	35,6
	NS/NC	21,8	25,3
...es algo que poca gente usa	De Acuerdo	34,7	40,1
	En Desacuerdo	39,4	37,0
	NS/NC	25,9	22,9
...es algo que muchas de mis amigas y conocidas han usado	De Acuerdo	39,1	43,9
	En Desacuerdo	32,5	40,6
	NS/NC	28,4	15,5
...es más práctica que usar anticonceptivos todos los días	De Acuerdo	17,4	13,8
	En Desacuerdo	67,5	75,9
	NS/NC	15,2	10,3
...sirve para prevenirse del sida	De Acuerdo	2,2	1,4
	En Desacuerdo	93,4	92,8
	NS/NC	4,4	5,7
...es algo de lo que se habla mucho en los medios de comunicación	De Acuerdo	33,3	32,7
	En Desacuerdo	56,7	59,4
	NS/NC	9,9	7,9
...es algo de lo que se habla mucho entre las mujeres	De Acuerdo	43,5	51,8
	En Desacuerdo	21,2	38,4
	NS/NC	35,3	9,8
n		363	419

Cuadro 5.17

Personas que declaran conocer qué es la anticoncepción de emergencia. Conocimientos y opiniones sobre la ACE por grupo de edad. (Encuesta ACE 2007)

Según tu opinión, la píldora del día después o anticoncepción de emergencia...		Edad			
		15 a 19 %	20 a 29 %	30 a 39 %	40 a 50 %
...actúa antes de la relación sexual	De Acuerdo	4,3	4,3	6,9	5,3
	En Desacuerdo	90,2	87,2	88,9	88,2
	NS/NC	5,4	8,6	4,1	6,5
...actúa después de la relación sexual	De Acuerdo	91,3	91,4	92,6	91,1
	En Desacuerdo	2,2	3,3	4,1	4,7
	NS/NC	6,5	5,3	3,2	4,1
...impide la fecundación (unión de óvulo y espermatozoide)	De Acuerdo	57,6	57,2	60,4	58,0
	En Desacuerdo	17,4	24,7	24,0	23,1
	NS/NC	25,0	18,1	15,7	18,9
...impide la anidación del óvulo fecundado	De Acuerdo	53,3	55,6	62,2	62,1
	En Desacuerdo	14,1	14,1	14,3	12,4
	NS/NC	32,6	30,3	23,5	25,4
...es la última barrera ante una relación sexual desprotegida o cuando falló el método anticonceptivo habitual	De Acuerdo	62,0	70,4	62,2	62,7
	En Desacuerdo	23,9	17,8	20,7	23,1
	NS/NC	14,1	11,8	17,1	14,2
...puede producir malformaciones si la mujer está embarazada	De Acuerdo	35,9	32,2	31,8	28,4
	En Desacuerdo	17,4	25,7	32,3	32,5
	NS/NC	46,7	42,1	35,9	39,1
...se vende bajo receta	De Acuerdo	27,2	19,7	29,0	29,6
	En Desacuerdo	55,4	61,5	51,2	48,5
	NS/NC	17,4	18,8	19,8	21,9
...se puede conseguir fácilmente en las farmacias	De Acuerdo	71,7	79,9	71,4	67,5
	En Desacuerdo	9,8	5,9	16,1	11,8
	NS/NC	18,5	14,1	12,4	20,7
...se puede conseguir fácilmente en hospitales o centros de salud	De Acuerdo	52,2	45,4	47,0	39,6
	En Desacuerdo	15,2	17,1	22,6	24,3
	NS/NC	32,6	37,5	30,4	36,1

...sirve para interrumpir el embarazo (abortar)	De Acuerdo	55,4	52,3	65,4	59,2
	En Desacuerdo	27,2	34,5	27,2	27,8
	NS/NC	17,4	13,2	7,4	13,0
...es ilegal, pero todo el mundo la consigue	De Acuerdo	40,2	33,2	36,9	39,1
	En Desacuerdo	34,8	43,4	39,2	37,9
	NS/NC	25,0	23,4	24,0	23,1
...es algo que poca gente usa	De Acuerdo	41,3	35,5	35,5	42,0
	En Desacuerdo	37,0	42,1	38,2	31,4
	NS/NC	21,7	22,4	26,3	26,6
...es algo que muchas de mis amigas y conocidas han usado	De Acuerdo	46,7	46,1	41,9	30,8
	En Desacuerdo	35,9	34,2	37,3	41,4
	NS/NC	17,4	19,7	20,7	27,8
...es más práctica que usar anticonceptivos todos los días	De Acuerdo	13,0	15,1	16,1	16,6
	En Desacuerdo	71,7	74,0	73,3	66,9
	NS/NC	15,2	10,9	10,6	16,6
...sirve para prevenirse del sida	De Acuerdo	1,1	1,0	3,2	1,8
	En Desacuerdo	92,4	92,8	93,1	94,1
	NS/NC	6,5	6,3	3,7	4,1
...es algo de lo que se habla mucho en los medios de comunicación	De Acuerdo	34,8	35,2	31,8	29,6
	En Desacuerdo	54,3	53,3	62,7	63,3
	NS/NC	10,9	11,5	5,5	7,1
...es algo de lo que se habla mucho entre las mujeres	De Acuerdo	48,9	50,0	45,2	47,3
	En Desacuerdo	25,0	26,3	35,9	33,7
	NS/NC	26,1	23,7	18,9	18,9
n		92	304	217	169

Cuadro 5.18

Personas que declaran conocer qué es la anticoncepción de emergencia. Conocimientos y opiniones sobre la ACE por máximo nivel de instrucción alcanzado (Encuesta ACE 2007)

Según tu opinión, la píldora del día después o anticoncepción de emergencia…		Nivel de instrucción			
		Hasta primario completo %	Secundario Incompleto %	Secundario completo %	Superior %
...actúa antes de la relación sexual	De Acuerdo	1,6	8,0	4,5	5,1
	En Desacuerdo	93,5	79,8	90,0	89,7
	NS/NC	4,8	12,3	5,4	5,1
...actúa después de la relación sexual	De Acuerdo	96,8	85,9	93,7	92,0
	En Desacuerdo	0,0	4,3	2,7	4,8
	NS/NC	3,2	9,8	3,6	3,2
...impide la fecundación (unión de óvulo y espermatozoide)	De Acuerdo	71,0	60,1	59,3	54,0
	En Desacuerdo	9,7	17,8	22,6	29,6
	NS/NC	19,4	22,1	18,1	16,4
...impide la anidación del óvulo fecundado	De Acuerdo	62,9	58,3	58,4	58,8
	En Desacuerdo	4,8	11,0	12,7	17,4
	NS/NC	32,3	30,7	29,0	23,8
...es la última barrera ante una relación sexual desprotegida o cuando falló el método anticonceptivo habitual	De Acuerdo	71,0	60,7	67,9	65,3
	En Desacuerdo	14,5	19,6	19,5	21,5
	NS/NC	14,5	19,6	12,7	13,2
...puede producir malformaciones si la mujer está embarazada	De Acuerdo	45,2	36,2	33,0	26,0
	En Desacuerdo	19,4	21,5	26,2	33,4
	NS/NC	35,5	42,3	40,7	40,5
...se vende bajo receta	De Acuerdo	40,3	26,4	29,0	19,9
	En Desacuerdo	38,7	50,3	54,8	60,5
	NS/NC	21,0	23,3	16,3	19,6
...se puede conseguir fácilmente en las farmacias	De Acuerdo	69,4	69,9	74,7	75,2
	En Desacuerdo	12,9	9,8	11,8	9,6
	NS/NC	17,7	20,2	13,6	15,1

...se puede conseguir fácilmente en hospitales o centros de salud	De Acuerdo	46,8	48,5	46,2	43,1
	En Desacuerdo	19,4	21,5	18,1	19,6
	NS/NC	33,9	30,1	35,7	37,3
...sirve para interrumpir el embarazo (abortar)	De Acuerdo	66,1	61,3	64,7	48,9
	En Desacuerdo	19,4	22,7	24,0	40,5
	NS/NC	14,5	16,0	11,3	10,6
...es ilegal, pero todo el mundo la consigue	De Acuerdo	45,2	33,7	43,4	30,9
	En Desacuerdo	37,1	39,3	34,4	45,3
	NS/NC	17,7	27,0	22,2	23,8
...es algo que poca gente usa	De Acuerdo	46,8	43,6	41,6	29,6
	En Desacuerdo	30,6	28,8	36,2	45,7
	NS/NC	22,6	27,6	22,2	24,8
...es algo que muchas de mis amigas y conocidas han usado	De Acuerdo	35,5	40,5	38,9	46,0
	En Desacuerdo	33,9	35,0	40,3	36,3
	NS/NC	30,6	24,5	20,8	17,7
...es más práctica que usar anticonceptivos todos los días	De Acuerdo	35,5	19,6	13,6	10,0
	En Desacuerdo	48,4	62,0	74,2	80,4
	NS/NC	16,1	18,4	12,2	9,6
...sirve para prevenirse del sida	De Acuerdo	4,8	1,8	1,4	1,6
	En Desacuerdo	88,7	92,0	92,3	94,5
	NS/NC	6,5	6,1	6,3	3,9
...es algo de lo que se habla mucho en los medios de comunicación	De Acuerdo	43,5	37,4	29,4	29,9
	En Desacuerdo	45,2	52,8	62,4	61,1
	NS/NC	11,3	9,8	8,1	9,0
...es algo de lo que se habla mucho entre las mujeres	De Acuerdo	54,8	51,5	46,2	46,0
	En Desacuerdo	24,2	27,0	33,0	31,5
	NS/NC	21,0	21,5	20,8	22,5
n		62	163	221	311

(*) Se excluyen 25 casos con no respuesta en la variable máximo nivel de instrucción alcanzado.

Cuadro 5.19

Personas que declaran conocer qué es la anticoncepción de emergencia. Conocimientos y opiniones sobre la ACE por estrato socioeconómico. (Encuesta ACE 2007)

Según tu opinión, la píldora del día después o anti-concepción de emergencia...		Estrato socioeconómico		
		Bajo %	Medio %	Alto %
...actúa antes de la relación sexual	De Acuerdo	4,3	6,1	2,6
	En Desacuerdo	88,7	87,8	89,6
	NS/NC	6,9	6,1	7,8
...actúa después de la relación sexual	De Acuerdo	91,8	92,2	88,3
	En Desacuerdo	2,6	3,8	6,5
	NS/NC	5,6	4,0	5,2
...impide la fecundación (unión de óvulo y espermatozoide)	De Acuerdo	62,3	56,5	57,1
	En Desacuerdo	18,6	25,1	26,0
	NS/NC	19,0	18,4	16,9
...impide la anidación del óvulo fecundado	De Acuerdo	60,6	58,9	50,6
	En Desacuerdo	11,3	14,3	18,2
	NS/NC	28,1	26,8	31,2
...es la última barrera ante una relación sexual desprotegida o cuando falló el método anticonceptivo habitual	De Acuerdo	64,1	65,0	72,7
	En Desacuerdo	19,5	21,3	18,2
	NS/NC	16,5	13,7	9,1
...puede producir malformaciones si la mujer está embarazada	De Acuerdo	39,4	28,7	27,3
	En Desacuerdo	21,2	31,2	28,6
	NS/NC	39,4	40,1	44,2
...se vende bajo receta	De Acuerdo	26,0	26,2	18,2
	En Desacuerdo	51,1	55,9	62,3
	NS/NC	22,9	17,9	19,5
...se puede conseguir fácilmente en las farmacias	De Acuerdo	71,0	74,5	79,2
	En Desacuerdo	12,1	9,7	10,4
	NS/NC	16,9	15,8	10,4
...se puede conseguir fácilmente en hospitales o centros de salud	De Acuerdo	41,6	47,3	45,5
	En Desacuerdo	26,0	17,9	14,3
	NS/NC	32,5	34,8	40,3

...sirve para interrumpir el embarazo (abortar)	De Acuerdo	62,3	57,0	49,4
	En Desacuerdo	22,9	31,0	46,8
	NS/NC	14,7	12,0	3,9
...es ilegal, pero todo el mundo la consigue	De Acuerdo	42,9	35,4	22,1
	En Desacuerdo	35,1	40,5	51,9
	NS/NC	22,1	24,1	26,0
...es algo que poca gente usa	De Acuerdo	45,0	34,2	36,4
	En Desacuerdo	31,6	40,5	42,9
	NS/NC	23,4	25,3	20,8
...es algo que muchas de mis amigas y conocidas han usado	De Acuerdo	40,7	41,1	48,1
	En Desacuerdo	37,7	36,7	35,1
	NS/NC	21,6	22,2	16,9
...es más práctica que usar anticonceptivos todos los días	De Acuerdo	22,5	13,1	9,1
	En Desacuerdo	61,0	75,1	85,7
	NS/NC	16,5	11,8	5,2
...sirve para prevenirse del sida	De Acuerdo	2,6	1,7	0,0
	En Desacuerdo	89,2	94,1	98,7
	NS/NC	8,2	4,2	1,3
...es algo de lo que se habla mucho en los medios de comunicación	De Acuerdo	34,6	31,2	39,0
	En Desacuerdo	54,5	60,5	54,5
	NS/NC	10,8	8,2	6,5
...es algo de lo que se habla mucho entre las mujeres	De Acuerdo	51,1	47,7	40,3
	En Desacuerdo	29,0	30,6	33,8
	NS/NC	19,9	21,7	26,0
n		231	474	77

Cuadro 6.1

Personas sexualmente iniciadas. Porcentaje de personas según experiencia de situación de gran preocupación o temor ante un posible embarazo luego de mantener relaciones sexuales (Encuesta ACE 2007)

Experiencia de situación de gran preocupación o temor ante un posible embarazo	Frecuencia	%
No	558	48,8
Sí, una vez	198	17,3
Sí, dos veces	171	14,9
Sí, tres o más veces	200	17,5
NS/NC	17	1,5
Total	1144	100,0

Cuadro 6.2

Personas sexualmente iniciadas que experimentaron una situación de gran preocupación o temor ante un posible embarazo luego de mantener relaciones sexuales. Distribución de tipo de relación de pareja durante esa situación (Encuesta ACE 2007)

Tipo de pareja	Frecuencia	%
Estable	484	85,1
Casual u ocasional	57	10,0
Ambos tipos de relaciones	26	4,6
NS/NC	2	0,4
Total	569	100

Cuadro 6.3

Personas sexualmente iniciadas que experimentaron una situación de gran preocupación o temor ante un posible embarazo luego de mantener relaciones sexuales. Personas con las que se comentó el episodio (respuesta múltiple) (Encuesta ACE 2007)

Personas	%
Pareja	42,0
Amigos/as	38,0
Familiares	29,7
Médico/ginecólogo	16,5
Nadie	11,8
Otros	0,7
NS/NC	0,7
n	569

Cuadro 6.4

Personas sexualmente iniciadas que experimentaron una situación de gran preocupación o temor ante un posible embarazo luego de mantener relaciones sexuales. Distribución de tipo de acción tomada (Encuesta ACE 2007)

Qué hicieron	Frecuencia	%
Nada, no hizo nada	212	37,3
Nada, tuvo al hijo	85	14,9
Hizo un test de embarazo y esperó	138	24,3
Abortó	21	3,7
Tomó pastillas anticonceptivas en la dosis de siempre	5	0,9
Tomó la pastilla *Dosdías*	25	4,4
Se puso un DIU	2	0,4
Tomó la pastilla del día después/anticoncepción de emergencia	52	9,1
Otros	16	2,8
NS/NC	13	2,3
Total	569	100,0

Cuadro 6.5.

Personas que declaran haber utilizado anticoncepción de emergencia. Distribución de los lugares de obtención del método (Encuesta ACE 2007)

Lugar	n
Farmacia	43
Amiga / vecina / pariente/compañero	3
Hospital Público/Centro de Salud/ Salita	2
Otros	2
Consultorio privado	1
NS/NC	1
Total	52

Cuadro 6.6

Personas que declaran haber tomado anticoncepción de emergencia. Distribución de los lugares en donde obtuvieron el método según tiempo tardado en conseguirlo (Encuesta ACE 2007)

Lugar y tiempo de obtención del método	Frecuencia
Farmacia en menos de 2 horas	23
Farmacia en más de 3 horas	12
Farmacia de 2 a 3 horas	8
Hospital Público/Centro/Sala en menos de 2 horas	2
Amiga/vecina/pariente en más de 3 horas	2
Amiga/vecina/pariente/compañero en menos de 2 horas	1
Otros en menos de 2 horas	1
NS/NC en menos de 2 horas	1
Consultorio privado de 2 a 3 horas	1
Otros /NS/NC	1
Total	52

Cuadro 6.7

Personas que declaran haber tomado anticoncepción de emergencia según forma de pago, por sexo

Pagó por la ACE	Sexo		Total
	Varón	Mujer	
Siempre	29	18	47
A veces	1	0	1
Nunca	4	0	4
Total	34	18	52

Cuadro 6.8

Personas que declaran haber tomado anticoncepción de emergencia y pagado para obtener el método. Distribución de monto abonado (Encuesta ACE 2007)

Monto en pesos	Frecuencia
De 5 a 10	4
De 11 a 20	25
De 21 a 30	13
Más de 30	1
NS/NC	5
Total	48

Cuadro 7.1

Personas de 15 a 50 años. Distribución de conocimiento de lugar para obtener preservativos (Encuesta ACE 2007)

Sabe dónde obtener preservativos	Frecuencia	%
Sí	1213	99,5
No	5	0,4
NS/NC	1	0,1
Total	1219	100,0

Cuadro 7.2

Personas de 15 a 50 años que declaran conocer dónde obtener preservativos. Distribución de lugares (respuesta múltiple) a los que recurriría (Encuesta ACE 2007)

Lugar	Frecuencia	Porcentaje
Farmacia	934	77,0
Kiosco	701	57,8
Hospital público/Centro de Salud/salita	338	32,0
Consultorio privado	18	1,5
Amigo/vecina/pariente/compañero	14	1,2
Obra Social	12	1,0
Otros	34	2,8
NS/NC	3	0,2
Total	1213	100,0

Cuadro 7.3

Personas de 15 a 50 años. Distribución de conocimiento de lugar para obtener pastillas anticonceptivas (Encuesta ACE 2007)

Sabe dónde obtener pastillas anticonceptivas	Frecuencia	%
Sí	1190	97,6
No	24	2,0
NS/NC	5	0,4
Total	1219	100,0

Cuadro 7.4

Personas de 15 a 50 años que declaran conocer dónde obtener pastillas anticonceptivas. Distribución de lugares (respuesta múltiple) a los que recurriría (Encuesta ACE 2007)

Lugar	Frecuencia	Porcentaje
Farmacia	976	82,0
Hospital público/Centro de Salud/salita	450	37,8
Consultorio privado	50	4,2
Obra Social	32	2,7
Kiosco	25	2,1
Amigo/vecina/pariente/compañero	3	0,3
Otros	2	0,2
NS/NC	5	0,4
Total	1190	100,0

Cuadro 8.1

Personas de 15 a 50 años. Distribución de conocimiento de lugar para obtener anticoncepción de emergencia (Encuesta ACE 2007)

Sabe dónde obtener anticoncepción de emergencia	Frecuencia	%
Sí	792	65,0
No	252	20,7
NS/NC	175	14,4
Total	1219	100,0

Cuadro 8.2

Personas de 15 a 50 años según conocimiento acerca de dónde obtener anticoncepción de emergencia por características seleccionadas (Encuesta ACE 2007)

Características seleccionadas	Sabe dónde obtener ACE			Total % (n)
	Sí %	No %	NS/NC %	
Sexo				
Varón	61,9	21,3	16,8	100,0 (606)
Mujer	68,0	20,1	11,9	100,0 (613)
Grupo de edad				
15 a 19 años	53,1	29,1	17,9	100,0 (179)
20 a 29 años	69,4	17,3	13,3	100,0 (428)
30 a 39 años	66,6	20,3	13,1	100,0 (335)
40 a 50 años	63,9	20,9	15,2	100,0 (277)
Máximo nivel de instrucción alcanzado(*)				
Hasta primario completo	42,5	33,0	24,6	100,0 (179)
Secundario incompleto	58,0	25,3	16,7	100,0 (300)
Secundario completo	66,3	18,9	14,8	100,0 (338)
Superior	80,8	11,1	8,1	100,0 (359)
Estrato socioeconómico				
Bajo	51,5	28,7	14,4	100,0 (456)
Medio	71,4	16,5	12,1	100,0 (671)
Alto	84,8	10,9	4,3	100,0 (92)

(*) Se excluyen 43 casos con no respuesta en la variable máximo nivel de instrucción alcanzado.

Cuadro 8.3

Personas de 15 a 50 años que declaran conocer dónde obtener anticoncepción de emergencia. Distribución de lugares (respuesta múltiple) a los que recurriría (Encuesta ACE 2007)

Lugar	%
Farmacia	84,8
Hospital público/Centro de Salud/salita	29,8
Consultorio privado	4,2
Obra Social	1,6
Kiosco	1,4
Amigo/vecina/pariente/compañero	0,8
Otros	0,5
NS/NC	0,9
n	792

Cuadro 9.1

Personas de 15 a 50 años grado según opinión respecto a la anticoncepción de emergencia por características seleccionadas (Encuesta ACE 2007)

Características seleccionadas	La anticoncepción de emergencia es abortiva			
	Acuerdo %	Desacuerdo %	NS/NC %	Total* % (n)
Total	39,5	36,2	24,4	100,0 (1219)
Sexo				
Varón	42,2	31,7	26,1	100,0 (606)
Mujer	36,7	40,6	22,7	100,0 (613)
Grupo de edad				
15 a 19 años	37,4	33,0	29,6	100,0 (179)
20 a 29 años	35,3	42,8	22,0	100,0 (428)
30 a 39 años	45,7	34,9	19,4	100,0 (335)
40 a 50 años	39,7	29,6	30,7	100,0 (277)
Máximo nivel de instrucción alcanzado(**)				
Hasta primario completo	33,0	22,3	44,7	100,0 (179)
Secundario incompleto	39,7	33,7	26,7	100,0 (300)
Secundario completo	44,4	31,4	24,3	100,0 (338)
Superior	38,2	50,1	11,7	100,0 (359)
Estrato socioeconómico				
Bajo	38,4	28,9	32,7	100,0 (456)
Medio	41,0	39,5	19,5	100,0 (671)
Alto	33,7	47,8	18,5	100,0 (92)

* Entre paréntesis se muestra el n de casos para cada categoría.
(**) Se excluyen 43 casos con no respuesta en la variable máximo nivel de instrucción alcanzado.

Cuadro 10.1

Personas de 15 a 50 años. Grado de acuerdo con afirmaciones sobre salud sexual y reproductiva (Encuesta ACE 2007)

Afirmaciones	Total %
Que mujeres y varones tengan la posibilidad de decidir libremente cuándo y cuántos hijos tener	
Muy en desacuerdo	0,2
En desacuerdo	2,1
Ni de acuerdo ni en desacuerdo	2,4
De acuerdo	38,7
Muy de acuerdo	56,2
NS/NC	0,3
Que mujeres y varones tengan libertad para ejercer su orientación sexual, es decir, que tengan la libertad de relacionarse sexual o afectivamente con personas de distinto o del mismo sexo	
Muy en desacuerdo	2,1
En desacuerdo	9,4
Ni de acuerdo ni en desacuerdo	6,6
De acuerdo	37,1
Muy de acuerdo	45,5
NS/NC	0,3
Que el Estado garantice la disponibilidad y gratuidad de los métodos anticonceptivos en el sistema de salud	
Muy en desacuerdo	0,1
En desacuerdo	1,7
Ni de acuerdo ni en desacuerdo	1,8
De acuerdo	33,7
Muy de acuerdo	62,3
NS/NC	0,4
Que el Estado garantice la disponibilidad y gratuidad de la anticoncepción de emergencia en el sistema de salud	
Muy en desacuerdo	2,1
En desacuerdo	8,9
Ni de acuerdo ni en desacuerdo	7,5
De acuerdo	30,4
Muy de acuerdo	46,1
NS/NC	5,1
Total *	100,0 (1219)

* Entre paréntesis se muestra el n de casos para cada categoría.

Cuadro 10.2

Personas de 15 a 50 años. Grado de acuerdo con afirmaciones sobre salud sexual y reproductiva por sexo (Encuesta ACE 2007)

Afirmaciones	Sexo	
	Varón %	Mujer %
Que mujeres y varones tengan la posibilidad de decidir libremente cuándo y cuántos hijos tener		
Muy en desacuerdo	0,5	-
En desacuerdo	1,3	2,9
Ni de acuerdo ni en desacuerdo	2,1	2,6
De acuerdo	37,1	40,3
Muy de acuerdo	58,7	53,7
NS/NC	0,2	0,5
Que mujeres y varones tengan libertad para ejercer su orientación sexual, es decir, que tengan la libertad de relacionarse sexual o afectivamente con personas de distinto o del mismo sexo		
Muy en desacuerdo	2,0	2,3
En desacuerdo	7,9	10,8
Ni de acuerdo ni en desacuerdo	6,4	6,9
De acuerdo	32,2	41,9
Muy de acuerdo	51,3	37,7
NS/NC	0,2	0,5
Que el Estado garantice la disponibilidad y gratuidad de los métodos anticonceptivos en el sistema de salud		
Muy en desacuerdo	0,2	0,0
En desacuerdo	2,1	1,3
Ni de acuerdo ni en desacuerdo	2,3	1,3
De acuerdo	30,5	36,9
Muy de acuerdo	64,0	60,5
NS/NC	0,8	0,0
Que el Estado garantice la disponibilidad y gratuidad de la anticoncepción de emergencia en el sistema de salud		
Muy en desacuerdo	2,0	2,1
En desacuerdo	8,3	9,5
Ni de acuerdo ni en desacuerdo	7,8	7,2
De acuerdo	28,4	32,5
Muy de acuerdo	48,2	44,0
NS/NC	5,4	4,7
Total *	100,0 (606)	100,0 (613)

* Entre paréntesis se muestra el n de casos para cada categoría.

Cuadro 10.3

Personas de 15 a 50 años. Grado de acuerdo con afirmaciones sobre salud sexual y reproductiva por grupo de edad (Encuesta ACE 2007)

Afirmaciones	Grupo de edad			
	15 a 19 %	20 a 29 %	30 a 39 %	40 a 50 %
Que mujeres y varones tengan la posibilidad de decidir libremente cuándo y cuántos hijos tener				
Muy en desacuerdo	-	0,5	0,0	0,4
En desacuerdo	4,5	1,6	1,8	1,8
Ni acuerdo/desacuerdo	2,2	2,6	2,7	1,8
De acuerdo	41,3	38,1	39,4	37,2
Muy de acuerdo	52,0	56,8	55,8	58,5
NS/NC	0,0	0,5	0,3	0,4
Que mujeres y varones tengan libertad para ejercer su orientación sexual, es decir, que tengan la libertad de relacionarse sexual o afectivamente con personas de distinto o del mismo sexo				
Muy en desacuerdo	2,8	1,6	2,1	2,5
En desacuerdo	14,5	6,8	8,7	10,8
Ni acuerdo/desacuerdo	7,8	4,7	7,5	7,9
De acuerdo	35,2	39,5	36,1	35,7
Muy de acuerdo	39,7	47,0	45,4	42,6
NS/NC	0,0	0,5	0,3	0,4
Que el Estado garantice la disponibilidad y gratuidad de los métodos anticonceptivos en el sistema de salud				
Muy en desacuerdo	0,0	0,0	0,3	0,0
En desacuerdo	2,8	1,4	1,5	1,8
Ni acuerdo/desacuerdo	1,7	1,4	1,5	2,9
De acuerdo	36,9	31,5	34,3	34,3
Muy de acuerdo	57,5	65,2	62,1	61,0
NS/NC	1,1	0,5	0,3	0,0
Que el Estado garantice la disponibilidad y gratuidad de la anticoncepción de emergencia en el sistema de salud				
Muy en desacuerdo	1,1	2,8	2,4	1,1
En desacuerdo	8,9	9,8	8,1	8,3
Ni acuerdo/desacuerdo	6,1	8,4	6,3	8,3
De acuerdo	36,9	28,3	29,9	30,3
Muy de acuerdo	41,3	47,7	47,2	45,5
NS/NC	5,6	3,0	6,3	6,5
Total *	100,0 (179)	100,0 (428)	100,0 (335)	100,0 (277)

* Entre paréntesis se muestra el n de casos para cada categoría.

Cuadro 10.4

Personas de 15 a 50 años. Grado de acuerdo con afirmaciones sobre salud sexual y reproductiva por nivel de instrucción alcanzado (Encuesta ACE 2007)

Afirmaciones	Máximo nivel de instrucción alcanzado*			
	Hasta primario completo %	Secundario incompleto %	Secundario completo %	Superior %
Que mujeres y varones tengan la posibilidad de decidir libremente cuándo y cuántos hijos tener				
Muy en desacuerdo	0,0	0,3	0,0	0,6
En desacuerdo	1,7	4,3	1,2	1,1
Ni de acuerdo ni en desacuerdo	2,2	1,7	3,0	2,5
De acuerdo	46,4	43,7	37,0	33,7
Muy de acuerdo	49,7	49,7	58,3	61,8
NS/NC	0,0	0,3	0,6	0,3
Que mujeres y varones tengan libertad para ejercer su orientación sexual, es decir, que tengan la libertad de relacionarse sexual o afectivamente con personas de distinto o del mismo sexo				
Muy en desacuerdo	1,1	2,3	1,8	2,8
En desacuerdo	16,8	11,3	8,3	5,3
Ni de acuerdo ni en desacuerdo	6,1	6,0	8,6	6,1
De acuerdo	40,8	40,3	34,9	35,9
Muy de acuerdo	35,2	39,7	46,2	49,3
NS/NC	0,0	0,3	0,3	0,6
Que el Estado garantice la disponibilidad y gratuidad de los métodos anticonceptivos en el sistema de salud				
Muy en desacuerdo	0,0	0,0	0,3	0,0
En desacuerdo	1,7	2,3	1,5	1,4
Ni de acuerdo ni en desacuerdo	1,1	2,0	2,4	1,7
De acuerdo	40,8	38,7	32,8	27,9
Muy de acuerdo	56,4	56,0	62,7	68,8
NS/NC	0,0	1,0	0,3	0,3
Que el Estado garantice la disponibilidad y gratuidad de la anticoncepción de emergencia en el sistema de salud				
Muy en desacuerdo	1,1	1,3	1,5	3,3
En desacuerdo	3,9	7,3	10,7	11,1
Ni de acuerdo ni en desacuerdo	5,6	5,7	8,3	9,7

De acuerdo	33,0	36,7	28,4	25,9
Muy de acuerdo	44,7	44,0	47,3	46,5
NS/NC	11,7	5,0	3,8	3,3
**Total ** **	100,0 (179)	100,0 (300)	100,0 (338)	100,0 (359)

**Entre paréntesis se muestra el n de casos para cada categoría.
(*) Se excluyen 43 casos con no respuesta en la variable máximo nivel de instrucción alcanzado.

Cuadro 10.5

Personas de 15 a 50 años. Grado de acuerdo con afirmaciones sobre salud sexual y reproductiva por estrato socioeconómico (Encuesta ACE 2007)

Afirmaciones	Estrato socioeconómico		
	Bajo %	Medio %	Alto %
Que mujeres y varones tengan la posibilidad de decidir libremente cuándo y cuántos hijos tener			
Muy en desacuerdo	0,0	0,4	0,0
En desacuerdo	3,5	1,3	1,1
Ni de acuerdo ni en desacuerdo	2,2	2,7	1,1
De acuerdo	41,4	38,0	30,4
Muy de acuerdo	52,4	57,2	67,4
NS/NC	0,4	0,3	0,0
Que mujeres y varones tengan libertad para ejercer su orientación sexual, es decir, que tengan la libertad de relacionarse sexual o afectivamente con personas de distinto o del mismo sexo			
Muy en desacuerdo	2,9	1,5	3,3
En desacuerdo	12,5	8,0	3,3
Ni de acuerdo ni en desacuerdo	6,8	6,4	7,6
De acuerdo	39,0	36,5	31,5
Muy de acuerdo	38,2	47,4	54,3
NS/NC	0,7	0,1	0,0
Que el Estado garantice la disponibilidad y gratuidad de los métodos anticonceptivos en el sistema de salud			
Muy en desacuerdo	0,0	0,1	0,0
En desacuerdo	1,8	1,8	1,1
Ni de acuerdo ni en desacuerdo	1,1	2,2	2,2
De acuerdo	34,4	34,1	27,2
Muy de acuerdo	62,1	61,4	69,6
NS/NC	0,7	0,3	0,0
Que el Estado garantice la disponibilidad y gratuidad de la anticoncepción de emergencia en el sistema de salud			
Muy en desacuerdo	2,0	1,9	3,3
En desacuerdo	7,2	10,1	7,6
Ni de acuerdo ni en desacuerdo	6,6	7,9	8,7
De acuerdo	30,7	30,4	29,3
Muy de acuerdo	45,6	45,8	51,1
NS/NC	7,9	3,9	0,0
Total *	100,0 (456)	100,0 (671)	100,0 (92)

* Entre paréntesis se muestra el n de casos para cada categoría.

Cuadro 10.6

Población de 15 a 50 años. Opiniones sobre posibilidad de acceso a la interrupción del embarazo en el sistema de salud según situaciones determinadas (Encuesta ACE 2007)

Opiniones sobre acceso al aborto	Opinión %						Total %
	Muy de acuerdo	De acuerdo	Ni acuerdo ni desacuerdo	Desacuerdo	Muy en desacuerdo	NS/NC	
Con que la mujer pueda acceder a la interrupción del embarazo en el sistema de salud si…							
… una mujer quedó embarazada debido a una violación.	41,0	38,0	6,1	10,4	2,1	2,5	100,0
… si una mujer demente o discapacitada mental quedó embarazada debido a una violación.	45,4	40,9	4,3	6,1	1,6	1,7	100,0
… Si una menor de 15 años quedó embarazada debido a una violación.	42,5	38,1	5,8	9,3	1,9	2,5	100,0
… si el feto tiene una malformación incompatible con la vida extrauterina.	29,5	39,2	8,8	15,4	2,7	4,4	100,0
… si la vida de una mujer corre peligro debido al embarazo o el parto.	28,4	40,1	13,5	11,9	2,0	4,1	100,0
… si la salud física de una mujer corre peligro debido al embarazo o el parto.	24,6	37,2	16,0	15,3	2,5	4,3	100,0
… si la salud mental de una mujer es afectada por el embarazo o el parto.	19,7	33,0	15,2	21,4	4,3	6,5	100,0
… si la mujer y su familia carecen de recursos económicos para criar a un hijo/a.	9,0	12,1	10,9	49,1	16,9	1,9	100,0
… si la mujer quedó embarazada porque falló el método anticonceptivo.	7,5	10,3	10,5	50,4	19,3	2,1	100,0
… si la mujer no quiere tener un hijo/a en ese momento de su vida.	7,4	11,5	10,2	47,7	20,9	2,3	100,0
n							1219

Cuadro 10.7

Población de 15 a 50 años. Opiniones sobre posibilidad de acceso a la interrupción del embarazo en el sistema de salud según situaciones determinadas por sexo (Encuesta ACE 2007)

Con que la mujer pueda acceder a la interrupción del embarazo en el sistema de salud si...		Sexo	
		Varón %	Mujer %
... una mujer quedó embarazada debido a una violación.	Muy de Acuerdo	44.4	37.7
	De Acuerdo	37.5	38.5
	Ni de Acuerdo Ni Desac.	4.4	7.8
	En Desacuerdo	9.7	11.1
	Muy en Desacuerdo	2	2.1
	NS/NC	2.1	2.8
... si una mujer demente o discapacitada mental quedó embarazada debido a una violación.	Muy de Acuerdo	48.7	42.1
	De Acuerdo	38	43.9
	Ni de Acuerdo Ni Desac.	2.8	5.7
	En Desacuerdo	6.4	5.7
	Muy en Desacuerdo	2	1.3
	NS/NC	2.1	1.3
... Si una menor de 15 años quedó embarazada debido a una violación.	Muy de Acuerdo	46.7	38.3
	De Acuerdo	35.3	40.8
	Ni de Acuerdo Ni Desac.	4.5	7.2
	En Desacuerdo	8.9	9.6
	Muy en Desacuerdo	2.1	1.6
	NS/NC	2.5	2.4
... si el feto tiene una malformación incompatible con la vida extrauterina.	Muy de Acuerdo	27.9	31
	De Acuerdo	37.3	41.1
	Ni de Acuerdo Ni Desac.	9.4	8.2
	En Desacuerdo	15.7	15.2
	Muy en Desacuerdo	3.5	2
	NS/NC	6.3	2.6
... si la vida de una mujer corre peligro debido al embarazo o el parto.	Muy de Acuerdo	29.9	26.9
	De Acuerdo	40.1	40.1
	Ni de Acuerdo Ni Desac.	11.9	15.2
	En Desacuerdo	11.4	12.4
	Muy en Desacuerdo	2.5	1.5
	NS/NC	4.3	3.9

... si la salud física de una mujer corre peligro debido al embarazo o el parto.	Muy de Acuerdo	26.2	23.0
	De Acuerdo	38.1	36.4
	Ni de Acuerdo Ni Desac.	14.0	17.9
	En Desacuerdo	14.5	16.2
	Muy en Desacuerdo	3.1	2.0
	NS/NC	4.0	4.6
... si la salud mental de una mujer es afectada por el embarazo o el parto	Muy de Acuerdo	20.3	19.1
	De Acuerdo	34.2	31.8
	Ni de Acuerdo Ni Desac.	13.2	17.1
	En Desacuerdo	21.8	21.0
	Muy en Desacuerdo	4.6	3.9
	NS/NC	5.9	7.0
... si la mujer y su familia carecen de recursos económicos para criar a un hijo/a.	Muy de Acuerdo	8.9	9.1
	De Acuerdo	13.4	10.9
	Ni de Acuerdo Ni Desac.	11.7	10.1
	En Desacuerdo	47.5	50.7
	Muy en Desacuerdo	16.5	17.3
	NS/NC	2.0	1.8
... si la mujer quedó embarazada porque falló el método anticonceptivo.	Muy de Acuerdo	6.8	8.2
	De Acuerdo	10.1	10.6
	Ni de Acuerdo Ni Desac.	10.6	10.4
	En Desacuerdo	50.3	50.4
	Muy en Desacuerdo	20.1	18.4
	NS/NC	2.1	2.0
... si la mujer no quiere tener un hijo/a en ese momento de su vida.	Muy de Acuerdo	6.9	7.8
	De Acuerdo	9.7	13.2
	Ni de Acuerdo Ni Desac.	10.2	10.1
	En Desacuerdo	47.5	48.0
	Muy en Desacuerdo	22.9	18.9
	NS/NC	2.6	2.0
Total *		100,0 (606)	100,0 (613)

* Entre paréntesis se muestra el n de casos para cada categoría.

Cuadro 10.8

Población de 15 a 50 años. Opiniones sobre posibilidad de acceso a la interrupción del embarazo en el sistema de salud según situaciones determinadas por edad (Encuesta ACE 2007)

Con que la mujer pueda acceder a la interrupción del embarazo en el sistema de salud si...		Edad			
		15 a 19 %	20 a 29 %	30 a 39 %	40 a 50 %
... una mujer quedó embarazada debido a una violación.	Muy en desacuerdo	2,2	2,1	2,4	1,4
	En desacuerdo	17,3	8,9	10,4	8,3
	Ni acuerdo/desacuerdo	7,3	5,6	3,6	9,0
	De acuerdo	38,5	37,1	38,8	37,9
	Muy de acuerdo	32,4	44,6	41,8	40,1
	NS/NC	2,2	1,6	3,0	3,2
... si una mujer demente o discapacitada mental quedó embarazada debido a una violación.	Muy en desacuerdo	2,2	1,6	1,8	1,1
	En desacuerdo	8,9	3,7	6,9	6,9
	Ni acuerdo/desacuerdo	3,9	4,0	3,3	6,1
	De acuerdo	46,4	38,8	41,2	40,4
	Muy de acuerdo	36,3	50,2	45,4	43,7
	NS/NC	2,2	1,6	1,5	1,8
... Si una menor de 15 años quedó embarazada debido a una violación.	Muy en desacuerdo	2,8	2,1	1,5	1,4
	En desacuerdo	12,3	7,9	9,6	9,0
	Ni acuerdo/desacuerdo	5,0	5,1	4,8	8,7
	De acuerdo	45,8	36,9	37,0	36,1
	Muy de acuerdo	31,8	46,5	43,9	41,5
	NS/NC	2,2	1,4	3,3	3,2
... si el feto tiene una malformación incompatible con la vida extrauterina.	Muy en desacuerdo	3,9	3,0	1,8	2,5
	En desacuerdo	24,6	16,6	15,8	7,2
	Ni acuerdo/desacuerdo	7,3	8,6	9,6	9,0
	De acuerdo	44,7	37,9	36,7	40,8
	Muy de acuerdo	14,5	30,6	31,9	34,3
	NS/NC	5,0	3,3	4,2	6,1
... si la vida de una mujer corre peligro debido al embarazo o el parto.	Muy en desacuerdo	2,8	2,6	1,8	0,7
	En desacuerdo	16,2	11,4	9,9	12,3
	Ni acuerdo/desacuerdo	11,2	14,0	14,3	13,4
	De acuerdo	44,7	38,1	41,5	38,6
	Muy de acuerdo	20,7	29,9	28,1	31,4
	NS/NC	4,5	4,0	4,5	3,6

	Muy en desacuerdo	2,8	3,5	2,1	1,4
	En desacuerdo	21,2	14,7	14,3	13,7
… si la salud física de una mujer corre	Ni acuerdo/desacuerdo	12,8	16,6	16,7	16,2
peligro debido al embarazo o el parto.	De acuerdo	39,1	35,5	39,4	36,1
	Muy de acuerdo	19,0	24,8	24,5	28,2
	NS/NC	5,0	4,9	3,0	4,3
	Muy en desacuerdo	3,9	5,1	4,5	2,9
	En desacuerdo	23,5	23,6	23,0	14,8
… si la salud mental de una mujer es	Ni acuerdo/desacuerdo	16,2	14,3	14,0	17,3
afectada por el embarazo o el parto.	De acuerdo	35,2	33,2	32,5	31,8
	Muy de acuerdo	15,1	17,8	20,3	24,9
	NS/NC	6,1	6,1	5,7	8,3
	Muy en desacuerdo	13,4	18,2	17,9	15,9
	En desacuerdo	50,3	47,9	52,8	45,8
… si la mujer y su familia carecen de re-	Ni acuerdo/desacuerdo	16,2	9,8	8,7	11,9
cursos económicos para criar a un hijo/a.	De acuerdo	13,4	13,1	9,6	13,0
	Muy de acuerdo	5,6	9,8	7,8	11,6
	NS/NC	1,1	1,2	3,3	1,8
	Muy en desacuerdo	15,1	21,7	20,3	17,0
	En desacuerdo	56,4	48,6	53,1	45,8
… si la mujer quedó embarazada porque	Ni acuerdo/desacuerdo	11,7	8,2	9,0	15,2
falló el método anticonceptivo.	De acuerdo	11,7	11,9	7,5	10,5
	Muy de acuerdo	3,4	8,2	7,8	8,7
	NS/NC	1,7	1,4	2,4	2,9
	Muy en desacuerdo	18,4	23,8	21,8	17,0
	En desacuerdo	54,2	45,6	49,6	44,8
… si la mujer no quiere tener un hijo/a	Ni acuerdo/desacuerdo	12,8	7,7	9,0	13,7
en ese momento de su vida.	De acuerdo	10,6	13,1	9,0	12,6
	Muy de acuerdo	2,8	8,2	8,1	8,3
	NS/NC	1,1	1,6	2,7	3,6
Total *		100,0 (179)	100,0 (428)	100,0 (335)	100,0 (277)

* Entre paréntesis se muestra el n de casos para cada categoría.

Cuadro 10.9

Población de 15 a 50 años. Opiniones sobre posibilidad de acceso a la interrupción del embarazo en el sistema de salud según situaciones determinadas por nivel de instrucción (Encuesta ACE 2007)

Con que la mujer pueda acceder a la interrupción del embarazo en el sistema de salud si…		Nivel de instrucción*			
		Hasta primario %	Secundario incompleto %	Secundario completo %	Superior %
… una mujer quedó embarazada debido a una violación.	Muy de Acuerdo	35,8	37,3	42,3	45,4
	De Acuerdo	34,1	41,0	40,8	33,7
	Ni de Acuerdo Ni Desac.	5,0	4,7	6,2	8,4
	En Desacuerdo	20,7	13,0	5,6	7,8
	Muy en Desacuerdo	2,2	1,7	1,8	2,5
	NS/NC	2,2	2,3	3,3	2,2
… si una mujer demente o discapacitada mental quedó embarazada debido a una violación.	Muy de Acuerdo	40,2	41,0	46,2	50,4
	De Acuerdo	40,8	45,7	42,6	35,1
	Ni de Acuerdo Ni Desac.	1,7	3,7	5,0	5,8
	En Desacuerdo	12,3	7,7	3,0	4,7
	Muy en Desacuerdo	1,7	1,0	1,5	2,3
	NS/NC	2,2	1,0	1,8	0,0
… Si una menor de 15 años quedó embarazada debido a una violación.	Muy de Acuerdo	37,4	38,7	43,2	47,4
	De Acuerdo	32,4	41,7	39,9	35,1
	Ni de Acuerdo Ni Desac.	6,1	4,3	6,2	7,0
	En Desacuerdo	19,6	11,0	6,2	6,1
	Muy en Desacuerdo	1,7	1,7	1,5	2,5
	NS/NC	2,8	2,7	3,0	1,9
… si el feto tiene una malformación incompatible con la vida extrauterina.	Muy de Acuerdo	30,2	22,3	32,0	32,3
	De Acuerdo	35,8	42,3	42,0	34,3
	Ni de Acuerdo Ni Desac.	4,5	8,0	8,0	12,8
	En Desacuerdo	22,3	19,3	12,1	12,8
	Muy en Desacuerdo	1,7	2,7	1,2	4,7
	NS/NC	5,6	5,3	4,7	3,1
… si la vida de una mujer corre peligro debido al embarazo o el parto.	Muy de Acuerdo	29,1	26,3	27,8	30,6
	De Acuerdo	37,4	41,3	44,4	35,4
	Ni de Acuerdo Ni Desac.	11,7	14,3	11,2	15,9
	En Desacuerdo	16,8	13,0	10,4	10,3
	Muy en Desacuerdo	1,1	1,7	1,5	3,1
	NS/NC	3,9	3,3	4,7	4,7

… si la salud física de una mujer corre peligro debido al embarazo o el parto.	Muy de Acuerdo	24,6	23,0	24,0	26,7
	De Acuerdo	35,2	39,3	40,5	32,3
	Ni de Acuerdo Ni Desac.	12,3	15,0	16,0	18,9
	En Desacuerdo	21,2	17,0	12,7	13,9
	Muy en Desacuerdo	1,7	1,7	1,8	4,2
	NS/NC	5,0	4,0	5,0	3,9
… si la salud mental de una mujer es afectada por el embarazo o el parto	Muy de Acuerdo	24,6	16,3	19,2	19,5
	De Acuerdo	31,8	33,0	37,6	28,4
	Ni de Acuerdo Ni Desac.	11,7	18,0	13,0	17,3
	En Desacuerdo	22,9	24,0	17,8	22,6
	Muy en Desacuerdo	2,8	2,7	4,7	5,6
	NS/NC	6,1	6,0	7,7	6,7
… si la mujer y su familia carecen de recursos económicos para criar a un hijo/a.	Muy de Acuerdo	6,1	6,3	9,2	11,7
	De Acuerdo	13,4	12,0	12,1	10,3
	Ni de Acuerdo Ni Desac.	11,2	14,0	10,9	8,4
	En Desacuerdo	53,6	53,0	47,9	45,7
	Muy en Desacuerdo	14,0	13,0	17,5	22,0
	NS/NC	1,7	1,7	2,4	1,9
… si la mujer quedó embarazada porque falló el método anticonceptivo.	Muy de Acuerdo	2,2	4,0	9,2	10,3
	De Acuerdo	5,6	10,7	11,2	11,1
	Ni de Acuerdo Ni Desac.	9,5	12,3	11,5	8,4
	En Desacuerdo	67,0	54,7	46,7	43,5
	Muy en Desacuerdo	14,5	15,7	18,9	24,8
	NS/NC	1,1	2,7	2,4	1,9
… si la mujer no quiere tener un hijo/a en ese momento de su vida.	Muy de Acuerdo	3,4	3,0	8,9	10,6
	De Acuerdo	6,7	12,7	11,2	12,5
	Ni de Acuerdo Ni Desac.	9,5	11,0	10,9	9,2
	En Desacuerdo	65,4	54,0	45,0	38,2
	Muy en Desacuerdo	13,4	17,0	21,0	27,3
	NS/NC	1,7	2,3	3,0	2,2
Total **		100,0 (179)	100,0 (428)	100,0 (335)	100,0 (277)

** Entre paréntesis se muestra el n de casos para cada categoría.
* Se excluyen 43 casos con no respuesta en la variable máximo nivel de instrucción alcanzado.

Cuadro 10.10

Población de 15 a 50 años. Opiniones sobre posibilidad de acceso a la interrupción del embarazo en el sistema de salud según situaciones determinadas por estrato socioeconómico (Encuesta ACE 2007)

Con que la mujer pueda acceder a la interrupción del embarazo en el sistema de salud si...		Estrato		
		Bajo %	Medio %	Alto %
... una mujer quedó embarazada debido a una violación.	Muy de Acuerdo	39,3	42,3	40,2
	De Acuerdo	36,2	39,3	37,0
	Ni de Acuerdo Ni Desac.	5,5	6,1	8,7
	En Desacuerdo	14,3	7,9	9,8
	Muy en Desacuerdo	2,0	1,8	4,3
	NS/NC	2,9	2,5	0,0
... si una mujer demente o discapacitada mental quedó embarazada debido a una violación.	Muy de Acuerdo	44,3	45,9	46,7
	De Acuerdo	10,4	41,7	38,0
	Ni de Acuerdo Ni Desac.	2,4	4,8	9,8
	En Desacuerdo	9,0	4,6	2,2
	Muy en Desacuerdo	2,0	1,2	3,3
	NS/NC	2,0	1,8	0,0
... Si una menor de 15 años quedó embarazada debido a una violación.	Muy de Acuerdo	40,6	43,4	45,7
	De Acuerdo	36,4	39,9	32,6
	Ni de Acuerdo Ni Desac.	5,7	5,2	10,9
	En Desacuerdo	12,9	7,2	6,5
	Muy en Desacuerdo	1,8	1,6	4,3
	NS/NC	2,6	2,7	0,0
... si el feto tiene una malformación incompatible con la vida extrauterina.	Muy de Acuerdo	28,3	30,3	29,3
	De Acuerdo	37,9	40,5	35,9
	Ni de Acuerdo Ni Desac.	6,8	10,0	9,8
	En Desacuerdo	20,0	12,2	16,3
	Muy en Desacuerdo	2,6	2,2	6,5
	NS/NC	4,4	4,8	2,2
... si la vida de una mujer corre peligro debido al embarazo o el parto.	Muy de Acuerdo	29,8	27,3	29,3
	De Acuerdo	36,0	43,5	35,9
	Ni de Acuerdo Ni Desac.	13,6	13,6	13,0
	En Desacuerdo	15,4	10,0	8,7
	Muy en Desacuerdo	1,1	1,6	8,7
	NS/NC	4,2	4,0	4,3

... si la salud física de una mujer corre peligro debido al embarazo o el parto.	Muy de Acuerdo	25,7	23,7	26,1
	De Acuerdo	32,9	40,8	32,6
	Ni de Acuerdo Ni Desac.	15,4	16,8	13,0
	En Desacuerdo	19,5	12,7	14,1
	Muy en Desacuerdo	1,5	2,2	9,8
	NS/NC	5,0	3,7	4,3
... si la salud mental de una mujer es afectada por el embarazo o el parto	Muy de Acuerdo	21,9	18,2	19,6
	De Acuerdo	28,9	35,8	32,6
	Ni de Acuerdo Ni Desac.	13,4	17,0	10,9
	En Desacuerdo	25,4	18,6	21,7
	Muy en Desacuerdo	3,1	4,2	10,9
	NS/NC	7,2	6,3	4,3
... si la mujer y su familia carecen de recursos económicos para criar a un hijo/a.	Muy de Acuerdo	7,7	9,4	13,0
	De Acuerdo	10,1	13,9	9,8
	Ni de Acuerdo Ni Desac.	13,2	10,0	6,5
	En Desacuerdo	53,3	47,5	40,2
	Muy en Desacuerdo	14,7	16,7	29,3
	NS/NC	1,1	2,5	1,1
... si la mujer quedó embarazada porque falló el método anticonceptivo.	Muy de Acuerdo	5,5	8,5	9,8
	De Acuerdo	6,4	13,0	10,9
	Ni de Acuerdo Ni Desac.	10,5	10,4	10,9
	En Desacuerdo	57,5	47,7	34,8
	Muy en Desacuerdo	18,4	18,2	31,5
	NS/NC	1,8	2,2	2,2
... si la mujer no quiere tener un hijo/a en ese momento de su vida.	Muy de Acuerdo	13,0	7,6	5,9
	De Acuerdo	10,9	13,9	8,1
	Ni de Acuerdo Ni Desac.	7,6	10,7	9,9
	En Desacuerdo	34,8	44,4	55,3
	Muy en Desacuerdo	31,5	20,7	19,1
	NS/NC	2,2	2,7	1,8
Total*		100,0 (456)	100,0 (671)	100,0 (92)

* Entre paréntesis se muestra el n de casos para cada categoría.

Cuadro 10.11

Población de 15 a 50 años. Postura ante lo que debería decir la ley frente a una mujer que abortó en diversas circunstancias (Encuesta ACE 2007)

Opiniones sobre lo que debería decir la ley	Opinión			Total %
	La mujer debería ir presa %	La mujer no debería ir presa %	NS/ NC %	
Si la mujer abortó...				
... para evitar un peligro para su vida o su salud.	8,0	86,7	5,3	100,0
... porque el embarazo es fruto de una violación.	4,9	90,7	4,3	100,0
... por razones sociales o económicas.	30,7	60,2	9,1	100,0
... por razones sentimentales o personales.	39,8	51,8	8,4	100,0
... porque no quería un hijo en ese momento de su vida.	39,9	51,5	8,6	100,0
n				1219

Cuadro 10.12

Población de 15 a 50 años. Postura ante lo que debería decir la ley frente a una mujer que abortó en diversas circunstancias por sexo (Encuesta ACE 2007)

Opiniones sobre lo que debería decir la ley		Sexo	
		Varón %	Mujer %
... para evitar un peligro para su vida o su salud	La mujer debería ir presa	7,6	8,5
	La mujer no debería ir presa	86,3	87,1
	NS/NC	6,1	4,4
... porque el embarazo es fruto de una violación.	La mujer debería ir presa	5,9	3,9
	La mujer no debería ir presa	87,8	93,6
	NS/NC	6,3	2,4
... por razones sociales o económicas.	La mujer debería ir presa	29,4	32,0
	La mujer no debería ir presa	59,4	61,0
	NS/NC	11,2	7,0
... por razones sentimentales o personales	La mujer debería ir presa	40,9	38,7
	La mujer no debería ir presa	50,0	53,7
	NS/NC	9,1	7,7
... porque no quería un hijo en ese momento de su vida.	La mujer debería ir presa	40,4	39,3
	La mujer no debería ir presa	49,3	53,7
	NS/NC	10,2	7,0
Total *		100,0 (606)	100,0 (613)

* Entre paréntesis se muestra el n de casos para cada categoría.

Cuadro 10.13

Población de 15 a 50 años. Postura ante lo que debería decir la ley frente a una mujer que abortó en diversas circunstancias por edad (Encuesta ACE 2007)

Opiniones sobre lo que debería decir la ley		15 a 19 %	20 a 29 %	30 a 39 %	40 a 50 %
		Edad			
... para evitar un peligro para su vida o su salud	La mujer debería ir presa	11,7	8,2	6,9	6,9
	La mujer no debería ir presa	84,9	85,3	88,7	87,7
	NS/NC	3,4	6,5	4,5	5,4
... porque el embarazo es fruto de una violación.	La mujer debería ir presa	7,3	4,4	4,5	4,7
	La mujer no debería ir presa	87,7	92,3	90,7	90,3
	NS/NC	5,0	3,3	4,8	5,1
... por razones sociales o económicas.	La mujer debería ir presa	32,4	32,2	32,8	24,5
	La mujer no debería ir presa	59,8	57,9	57,9	66,8
	NS/NC	7,8	9,8	9,3	8,7
... por razones sentimentales o personales	La mujer debería ir presa	40,2	42,5	43,3	31,0
	La mujer no debería ir presa	49,2	48,8	49,3	61,4
	NS/NC	10,6	8,6	7,5	7,6
... porque no quería un hijo en ese momento de su vida.	La mujer debería ir presa	41,9	42,3	43,0	31,0
	La mujer no debería ir presa	47,5	48,8	48,7	61,7
	NS/NC	10,6	8,9	8,4	7,2
Total *		100,0 (179)	100,0 (428)	100,0 (335)	100,0 (277)

* Entre paréntesis se muestra el n de casos para cada categoría.

Cuadro 10.14.

Población de 15 a 50 años. Postura ante lo que debería decir la ley frente a una mujer que abortó en diversas circunstancias por máximo nivel de instrucción alcanzado (Encuesta ACE 2007)

Opiniones sobre lo que debería decir la ley		Nivel de instrucción*			
		Hasta prima-rio	Secun-dario incom-pleto	Secun-dario com-pleto	Supe-rior
... para evitar un peligro para su vida o su salud	La mujer debería ir presa	14,0	7,3	7,7	6,1
	La mujer no debería ir presa	80,4	88,0	85,5	89,4
	NS/NC	5,6	4,7	6,8	4,5
... porque el embarazo es fruto de una violación.	La mujer debería ir presa	12,3	5,0	3,3	2,5
	La mujer no debería ir presa	83,2	90,7	90,8	94,2
	NS/NC	4,5	4,3	5,9	3,3
... por razones sociales o económicas.	La mujer debería ir presa	36,9	35,7	27,2	28,7
	La mujer no debería ir presa	54,2	57,3	61,5	62,4
	NS/NC	8,9	7,0	11,2	8,9
... por razones sentimentales o personales	La mujer debería ir presa	46,9	44,7	36,4	36,8
	La mujer no debería ir presa	44,1	49,0	53,6	54,6
	NS/NC	8,9	6,3	10,1	8,6
... porque no quería un hijo en ese momento de su vida.	La mujer debería ir presa	46,9	44,7	37,3	35,9
	La mujer no debería ir presa	42,5	49,3	52,7	55,4
	NS/NC	10,6	6,0	10,1	8,6
Total **		100,0 (179)	100,0 (428	100,0 (335)	100,0 (277

** Entre paréntesis se muestra el n de casos para cada categoría.
(*) Se excluyen 43 casos con no respuesta en la variable máximo nivel de instrucción alcanzado.

Cuadro 10.15

Población de 15 a 50 años. Postura ante lo que debería decir la ley frente a una mujer que abortó en diversas circunstancias por estrato socioeconómico (Encuesta ACE 2007)

Opiniones sobre lo que debería decir la ley		Estrato		
		Bajo %	Medio %	Alto %
... para evitar un peligro para su vida o su salud	La mujer debería ir presa	9,9	7,2	5,4
	La mujer no debería ir presa	84,2	87,9	90,2
	NS/NC	5,9	4,9	4,3
... porque el embarazo es fruto de una violación.	La mujer debería ir presa	7,2	3,6	3,3
	La mujer no debería ir presa	88,2	92,5	90,2
	NS/NC	4,6	3,9	6,5
... por razones sociales o económicas.	La mujer debería ir presa	36,2	27,0	30,4
	La mujer no debería ir presa	55,3	63,6	59,8
	NS/NC	8,6	9,4	9,8
... por razones sentimentales o personales	La mujer debería ir presa	48,2	34,7	34,8
	La mujer no debería ir presa	45,6	55,6	55,4
	NS/NC	6,1	9,7	9,8
... porque no quería un hijo en ese momento de su vida.	La mujer debería ir presa	46,1	36,4	34,8
	La mujer no debería ir presa	46,5	54,2	56,5
	NS/NC	7,5	9,4	8,7
Total*		100,0 (456)	100,0 (671)	100,0 (92)

* Entre paréntesis se muestra el n de casos para cada categoría.

Cuadro 11.1

Mujeres y varones de 15 a 50 años de AMBA, Mendoza y San Juan. Palabras y expresiones asociadas a "anticoncepción de emergencia o pastilla del día después" por connotación positiva o negativa (Encuesta ACE 2007)

Connotación positiva	Connotación neutra o ambivalente	Connotación negativa
Compañerismo	Día después del moco que te echaste	Desesperación
Está bueno para las mujeres	Plan de emergencia	Nervios
Me evito un quilombo	Pastillas	Algo poderoso para acabar con la vida
Prevención	Susto	Aborto
Evitar un embarazo	Relaciones sexuales	Descuido
Cuidado	Inmediato	Preocupación
Salir del apuro	El último recurso	*Cagazo*
Te va a salvar	Tomarse una pastilla después de haber tenido una relación sexual	Boludo
Una ayuda	Se rompió el preservativo	Perseguir
Mujer	Despreocupación	Plata
Seguro	Falla en el uso de preservativo o anticonceptivo	Cuestión límite
Súper bueno	Algo de lo que no hay mucha información	Violación
		Riesgo
		Accidente
		Embarazo no deseado
		No previsión
		Trastorno
		No tener poder para controlar
		Bajón
		Tristeza
		Feo
		Duda

Cuadro 12

Características de la muestra (Encuesta ACE 2007)

Características seleccionadas	Frecuencia	%
Total de casos	1219	
Sexo		
Varones	606	49,7
Mujeres	613	50,3
Grupo de edad		
15 a 19 años	179	14,7
20 a 29 años	428	35,1
30 a 39 años	335	27,5
40 a 50 años	277	22,7
Área de residencia		
Area Metropolitana de Buenos Aires	727	59,6
Resto del país	492	40,4
Situación conyugal		
No tiene pareja	294	24,1
En pareja, no convive	278	22,8
En pareja, convive	647	53,1
Hijos		
Ninguno	550	45,1
Uno	205	16,8
Dos	224	18,4
Tres y más	240	19,7
Máximo nivel de instrucción		
Hasta primario completo	179	14,7
Secundario incompleto	300	24,6
Secundario completo	338	27,7
Superior	359	29,5
Ns/Nr	43	3,5
Estrato socioeconómico		
Bajo	456	37,4
Medio	671	55,0
Alto	92	7,5
Cobertura de salud		
Obra social o prepaga	807	66,3
Sólo sistema público	398	32,6
Ns/Nr	14	1,1